La evolución del formulario de la compraventa en los documentos notariales de la Corona de Castilla (1250-1350)

La evolución del formulario de la compraventa en los documentos notariales de la Corona de Castilla (1250-1350)

César Quijano Martínez

XIII Premio a Jóvenes Investigadores en Ciencias y Técnicas Historiográficas

SOCIEDAD ESPAÑOLA DE CIENCIAS Y TÉCNICAS HISTORIOGRÁFICAS

Universidad de León
2025

Quijano Martínez, César
La evolución del formulario de la compraventa en los documentos notariales de la Corona de Castilla (1250-1350) / César Quijano Martínez. – [León] : Universidad de León, Área de Publicaciones, 2025.
126 p. : il., gráf. col. ; 24 cm
Bibliogr. : p. 109-126. -- En la port.: Sociedad Española de Ciencias y Técnicas Historiográficas. -- Índice de gráficos, tablas e imágenes. -- XIII Premio a Jóvenes Investigadores en Ciencias y Técnicas Historiográficas en su convocatoria 2025.
ISBN 979-13-87583-14-9
1. Notariado-Formularios-España-1250-1350. 2. Compraventa-España-1250-1350. I. Universidad de León. Área de Publicaciones. II. Sociedad Española de Ciencias y Técnicas Historiográficas. III. Título.
347.961.028(460)"1250/1350"
347.451(460)"1250/1350"

De acuerdo con el protocolo aprobado por el Consejo de Publicaciones de la Universidad de León, esta obra ha sido sometida al correspondiente informe por pares con resultado favorable.

Este trabajo ha merecido el **XIII Premio a Jóvenes Investigadores en Ciencias y Técnicas Historiográficas** en su convocatoria 2025, siendo Presidenta la Dra. Margarita Gómez Gómez, Vicepresidenta la Dra. Alicia Marchant Rivera, Secretario el Dr. Francisco Fernández López, Tesorero el Dr. Ramón Baldaquí Escandell y Vocales el Dr. Daniel Piñol Alabart y la Dra. Érika López Gómez.

©   Universidad de León. Área de Publicaciones.
©   César Quijano Martínez
ISBN.: 979-13-87583-14-9
Depósito Legal: DL LE-372-2025
Diseño, maquetación, y tratamiento digital de las imágenes: Juan Luis Hernansanz Rubio
Imagen de portada: BNE, VITR/4/6, f. 242r. Detalle.
Imprime: LOZANO Impresores
Impreso en España / *Printed in Spain*
Septiembre 2025

Esta publicación es parte del proyecto de I+D+i ayuda PID2023-146105NB-I00 financiado por MICIU/AEI/ 10.13039/501100011033 y por FEDER, UE.

CONTENIDO

ÍNDICE DE GRÁFICOS, TABLAS E IMÁGENES

Gráficos

Tablas

Imágenes

ABREVIATURAS

ACBO:........Archivo de la Catedral de El Burgo de Osma.

ACCu:........Archivo de la Catedral de Cuenca.

ACSig: ....Archivo de la Catedral de Sigüenza.

ACT:..........Archivo Capitular de Toledo.

ACZ: ....Archivo de la Catedral de Zamora.

AHNob:......Archivo Histórico de la Nobleza.

AMunCa:...Archivo Municipal de Cáceres.

Esp.:............Espéculo.

FJ:...............Fuero Juzgo.

FR:..............Fuero Real.

P.: ....Partida.

Tít: ....Título.

c.:................caja.

Car.: ....Carpeta.

nº:...............número.

1. INTRODUCCIÓN

El siglo XIII supuso un periodo de cambios en la génesis y la forma de los documentos entre particulares que se hacían en Castilla. La remodelación jurídica que procuró Alfonso X en el mundo documental, iniciada por su padre Fernando III, permitió el desarrollo y asentamiento del notariado romanista. Sin embargo, un nuevo modelo notarial requería del nacimiento y unificación de una literatura que ofreciera la enseñanza y ayuda para el desarrollo de la actividad a los escribanos públicos[1]. Los antiguos formularios no estaban adaptados a las nuevas exigencias de la época[2], y dieron paso a las innovaciones de procedencia extranjera, teniendo como factor clave la difusión de las técnicas jurídicas romanistas bajo el modelo de los tratados del *Ars Notariae*[3]. Es por ello que, junto a la transformación del *scriptor* al *notarius publicus*, durante el siglo XIII y la primera mitad del XIV se produjo la evolución de la carta al *instrumentum publicum*[4].

Merced a la labor legislativa de Alfonso X (FR, 1255, Esp. 1260, Partidas, 1270-1280), se empezó a difundir una nueva cultura del Derecho sustentada por la doctrina legística y canonística. Esta legislación, que asimila parte de la práctica documental anterior, significó la implantación de la institución y del documento notariales. Es en la Tercera Partida y, concretamente, en el Título XVIII, donde se va a proporcionar un verdadero formulario de los principales tipos documentales del ámbito notarial[5]. En estos modelos de la Tercera Partida se puede apreciar la influencia de tratadistas como Juan Gil de Zamora, Gaufridus Anglicus y,

---

1   José Bono Huerta, *Historia del Derecho notarial español, T. I. Edad Media. 2. Literatura e Instituciones* (Madrid: Junta de Decanos de los colegios notariales de España, 1982), 15-17.

2   José Bono Huerta, *Historia del Derecho notarial español, T. I. Edad Media. 1. Introducción, preliminar y fuentes* (Madrid: Junta de Decanos de los colegios notariales de España, 1979), 154-65.

3   La renovación cultural venía de la mano de las nuevas necesidades que comenzaban a tener los nacientes estados urbanos que se estaban desarrollando en Castilla. Juan García-Granero Fernández, "Formularios notariales de los siglos XIII al XVI," *Anales de la Academia Matritense del Notariado* 22, núm. 1 (1980): 238-43.

4   Bono Huerta, *Derecho notarial español (I.2)*, 31-33; *Breve introducción a la Diplomática notarial española. Parte primera* (Sevilla: Consejería de Cultura y Medio Ambiente, 1990), 55-57.

5   P. III, Títs. XVIII y XIX. Sobre la datación de las Partidas parece existir cierto consenso en la actualidad a partir de los estudios de Orellana Calderón, orientándose su redacción hacia la década de 1270. Raúl Orellana Calderón, "La Tercera Partida de Alfonso X el Sabio: estudio y edición crítica de los Títulos XVIII al XX" (tesis doctoral, Universidad Autónoma de Madrid, 2006), 193-201, http://hdl.handle.net/10486/2561.

sobre todo, de Salatiel y Duranti[6]. Ello ha hecho que especialistas como Pardo Rodríguez lo hayan considerado la formulación legal más completa sobre la institución notarial en el Occidente medieval[7].

Los estudios sobre el notariado público y sus formularios cuentan en la actualidad con una dilatada trayectoria que, en la Corona de Castilla, se remonta a la primera mitad del siglo XX y a los estudios de historiadores del Derecho[8]. Dichos trabajos culminaron con la obra de Bono Huerta, notario de profesión, cuya producción bibliográfica ha supuesto una consulta obligatoria para los especialistas en Diplomática notarial[9]. Estos estudios desde la Historia del Derecho sirvieron como punto de partida para las investigaciones en las que se aplicó por primera vez un método diplomático, y la celebración del VII Congreso Internacional de Diplomática en 1986, relacionado con los orígenes del notariado público, fue el inicio de los estudios enfocados en la Diplomática notarial[10].

Si bien desde entonces el asentamiento de la institución notarial en Castilla fue un tema cada vez mejor conocido, el análisis de los formularios notariales durante las primeras etapas del notariado castellanoleonés ha tenido una menor incidencia entre los diplomatistas[11]. Algunos de los primeros trabajos fueron los de Ostos Salcedo y Pardo Rodríguez, que presentaron diversas propuestas sobre qué forma tenían los documentos notariales en Sevilla entre 1250 y 1350[12], o el estudio de Rojas Vaca sobre los orígenes del notariado en Castilla, donde centró parte de su análisis en la forma de los documentos notariales[13]. A pesar de todo,

---

6   Bono Huerta, *Derecho notarial español (I.1)*, 245-50.

7   María Luisa Pardo Rodríguez, "Un formulario notarial castellano del siglo XIII: La III Partida", en *Les formulaires. Compilation et circulation des modèles d'actes dans l'Europe médiévale et moderne*, ed. por Olivier Guyotjeannin, Laurent Morelle y Silio P. Scalfati (Praga: Karolinum, 2018), 176-80.

8   Algunos ejemplos son Ramón Fernández Espinar, "La compraventa en el Derecho medieval español," *Anuario de Historia del Derecho Español*, núm. 25 (1955): 293-528; García-Granero Fernández, "Formularios notariales", 227-86.

9   José Bono Huerta, "Los formularios notariales españoles de los siglos XVI, XVII y XVIII," *Anales de la Academia Matritense del Notariado* 22, núm. 1 (1980): 287-318; *Derecho notarial español (I.2)*, 59-72; "La práctica notarial del Reino de Castilla en el siglo XIII. Continuidad e innovación", en *Notariado público y documento privado: de los orígenes al siglo XIV. Actas del VII Congreso Internacional de Diplomática, Vol. I* (Valencia: Generalitat Valenciana, Consellería de Cultura, Educaciò i Esport, 1986), 481-506; *Introducción a la Diplomática notarial*, entre otros.

10   VV. AA., *Notariado público y documento privado: de los orígenes al siglo XIV. Actas del VII Congreso Internacional de Diplomática, 2 Vols.* (Valencia: Generalitat Valenciana, Consellería de Cultura, Educaciò i Esport, 1986).

11   Véase César Quijano Martínez, "La implantación del notariado público en la Corona de Castilla (1250-1350): cronología, jurisdicción y formulario. T. I" (tesis doctoral, Universidad de Sevilla, 2024), 15-25, https://hdl.handle.net/11441/169904.

12   Pilar Ostos Salcedo y María Luisa Pardo Rodríguez, *Documentos y notarios de Sevilla en el siglo XIII* (Madrid: Fundación Matritense de Notariado, 1989); *Documentos y notarios de Sevilla en el siglo XIV (1301-1350)* (Sevilla: Secretariado de Publicaciones de la Universidad de Sevilla, 2003).

13   María Dolores Rojas Vaca, "Los inicios del notariado público en la Corona de Castilla: aportación a su estudio," *Anuario de Estudios Medievales* 31, núm. 1 (2001): 329-400.

fue el XIII Congreso de la Comisión Internacional de Diplomática, celebrado en 2012, lo que permitió una expansión de los estudios enfocados en los formularios notariales de la Baja Edad Media[14]. Desde entonces, varios han sido los autores que han trabajado sobre la forma de redactar la documentación notarial en Castilla, con obras como las de Ostos Salcedo o Calleja-Puerta[15], de cuyas direcciones emergieron tesis doctorales que analizaron los formularios notariales en varios puntos de Castilla con anterioridad al siglo XV[16]. Fuera de las fronteras castellanas, el estudio de los formularios también se encuentra en un constante desarrollo, si bien parece que países como Portugal, Francia e Italia, y la antigua Corona de Aragón han prestado una mayor atención a la forma de los documentos notariales medievales[17].

---

14 VV.AA., *Les formulaires. Compilation et circulation des modèles d'actes dans l'Europe médiévale et moderne*, ed. por Olivier Guyotjeannin, Laurent Morelle y Silio P. Scalfati (Praga: Karolinum, 2018).

15 Miguel Calleja-Puerta y Jorge Felpeto Cueva, "La formulación de los documentos de compraventa en la Asturias del siglo XIV: un estudio de diplomática comparada," *Anuario de Estudios Medievales* 53, núm. 2 (2023): 547-74; Pilar Ostos Salcedo, "El documento notarial castellano en la Edad Media", en *Sit Liber gratus, quem servulus est operatus. Studi in onore di Alessandro Pratesi per il suo 90° compleanano*, T. I, ed. por Paolo Cherubini y Giovanna Nicolaj (Città del Vaticano: Scuola Vaticana di Paleografia, Diplomatica e Archivistica, 2012), 531-33; "Las 'Notas del Relator': un formulario castellano del siglo XV", en *Les formulaires Compilation et circulation des modèles d'actes dans l'Europe médiévale et moderne*, Vol. I, ed. por Olivier Guyotjeannin, Laurent Morelle y Silio Scalfati (Praga: Karolinum, 2018), 188-209; "'Derecho es que fagan lealmente'. El formulario de la compraventa de Sevilla en la segunda mitad del siglo XIII," *La formule au Moyen Âge* IV, núm. 31 (2021): 65-83.

16 Elena Albarrán Fernández, "La implantación de los notarios públicos del rey en Asturias (1260-1350 ca.). T. I" (tesis doctoral, Universidad de Oviedo, 2021), http://hdl.handle.net/10651/64402; Roberto Antuña Castro, *Notariado y documentación notarial en el área central del señorío de los obispos de Oviedo (1291-1389)* (Oviedo: KRK, 2018); Carmen Guerrero Congregado, "Notariado en Córdoba. Sus orígenes (1242-1300), T. I" (tesis doctoral, Universidad de Sevilla, 2023), https://hdl.handle.net/11441/153380, recientemente "El documento notarial en Córdoba en el siglo XIII," *Historia. Instituciones. Documentos*, núm. 51 (2024): 251-83; Quijano Martínez, "La implantación del notariado público en Castilla (I)"; Olaya Rodríguez Fueyo, "Los inicios del notariado público de nombramiento real en Oviedo (1263-1350): edición y estudio. T. I" (tesis doctoral, Universidad de Oviedo, 2022), https://hdl.handle.net/10651/71292, recientemente publicado en *Notariado y documentación notarial en Oviedo. Su implantación (1263-1350). T. I y II* (Gijón: Trea, 2024).

17 Michel Balard, *Gênes et l'outre mer. I. Les actes de Caffa du notaire Lamberto di Sambuceto (1289-190)* (Paris et La Haye: Mouton, 1973); María de los Desamparados Cabanes Pecourt, "Formularios diplomáticos para la repoblación valenciana," *Anuario de Historia del Derecho español*, núm. 49 (1979): 533-46; María Teresa Ferrer i Mallol, "L'instrument notarial (segles XI-XV)", en *Actes del II Congrés d'Història del Notariat Català* (Barcelona: Fundació Noguera, 2000), 29-88; Adela García Valle, "Las fórmulas jurídicas medievales. Un acercamiento preliminar desde la documentación notarial de Navarra," *Anuario de Historia del Derecho español*, núm. 74 (2004): 613-40; Joaquim Lopes y Ricardo Seabra, "Documentação notarial e tabeliães públicos no Porto a centuria de Trezentos," *Cultura, Espaço & Memória (CEM)*, núm. 2 (2013): 209-26; Daniel Piñol Alabart, "Formularios notariales en las notarías de la diócesis de Tarragona (siglos XIII-XIV)", en *Les formulaires. Compilation et circulation des modèles d'actes dans l'Europe médiévale et moderne*, ed. por Olivier Guyotjeannin, Laurent Morelle y Silio P. Scalfati (Praga: Karolinum, 2018), 87-104; "Formularios notariales en la Corona de Aragón en la Edad Media," *Sapere pedagogico e pratiche educative. Educazione, Formazione e trasmissione dei Saperi. Nel Medioevo ed oltre*, núm. 8 (2022): 153-70; Silio P. Scalfati, *Un formulario notarile fiorentino della metà del Dugento* (Firenze: Edifir, 2003); Francisco Sevillano Colom, "Un nuevo formulario medieval inédito (siglo XIII)," *Anuario de Historia del Derecho español*, núm. 19 (1948-1949): 584-89; Anísio Miguel de Sousa Saraiva, "Tabeliães e notários no primeira metade do séc. XIV," *Hvmanitas*, núm. 50 (1998): 587-624; Néstor Vigil Montes, "La institución notarial y sus documentos en el Reino de Portugal en la Edad Media," *Historia. Instituciones. Documentos*, núm. 44 (2017): 351-79, entre otros.

El objetivo principal de este trabajo ha sido el estudio de la evolución general de los formularios notariales de la compraventa desde la implantación del notariado público en Castilla, a mediados del siglo XIII, hasta la promulgación del Ordenamiento de Alcalá de Henares, en 1348, momento en el que se consolidó definitivamente la obra de las Partidas. A raíz de este propósito general se ha generado un triple objetivo, relacionado con la intención de observar si existieron distintos ritmos de asimilación, modificación o desaparición de las fórmulas a partir de tres grupos: las fórmulas asociadas a la tradición anterior, aquellas que se difundieron en la normativa alfonsí, y las que se generaron independientemente a las novedades que se recogían en la legislación.

Mientras que el asentamiento de la institución notarial se produjo rápidamente, la introducción y adaptación de los formularios propuestos por la Corona –con un doble objetivo, didáctico y regulador– sucedió de manera desigual[18]. En primer lugar, cabe preguntarse si fórmulas tradicionales, como la invocación, pudieron tener un proceso de desaparición diferente en función del territorio analizado. Las ciudades con una mayor tradición escrituraria, aún tras los intentos de difusión del Espéculo, primero, y de las Partidas, más tarde, debieron continuar utilizando esquemas previos. Por tanto, la supervivencia de estas estructuras tradicionales pudo tener un sentido geográfico N-S, coincidiendo con lugares en los que las instituciones eclesiásticas tuvieron un mayor peso señorial y donde más dificultades pudo encontrar la Corona para reforzar su autoridad. Según se avanza hacia el sur estas fórmulas fueron desapareciendo de las ventas con una menor resistencia, e incluso ni llegaron a utilizarse a partir de 1250. Contrario a ello, las innovaciones procedentes de los corpus legislativos de la Corona se asentaron con mayor lentitud en las ciudades del noroeste con una fuerte carga señorial, mientras que en ciudades de realengo o territorios del sur peninsular, sin una tradición documental latina previa, las novedades formularias tuvieron una implantación más acelerada. Por tanto, merece la pena plantear a partir de qué momento del siglo XIV se puede observar en las ventas una estructura familiar a los modelos propuestos en las obras del Rey Sabio, y si este proceso fue irregular en la Corona.

Otro aspecto interesante resulta el paso del latín a la lengua vernácula en la documentación notarial, posiblemente influenciado por el proceso de adaptación lingüística producido en la documentación regia[19]. Es probable que el carácter

---

18 Ostos Salcedo, "El formulario de la compraventa de Sevilla", 79-81.

19 Pilar Ostos Salcedo, "Cancillería castellana y lengua vernácula. Su proceso de consolidación," *Espacio, Tiempo y Forma. Serie III, Hª Medieval*, núm. 17 (2004): 471-84; Luis Rubio García, "Del latín al castellano en la cancillería de Alfonso el Sabio," *Glossae. Revista de Historia del Derecho europeo*, núms. 5-6 (1993-1994): 225-41.

conservadurista de las ventas y el peso de la tradición escrita favoreciesen la pervivencia del latín en algunos puntos de la Corona. Además, la preservación de fórmulas de corte tradicional también pudo facilitar la conservación de la lengua latina aun cuando el resto del documento se redactaba en romance, aunque su evolución hubo de continuar esa tendencia N-S.

Finalmente, cabe plantearse si, a partir de la década de 1280, coincidiendo con la redacción y difusión de la Tercera Partida, los modelos propuestos en ella permitieron una transformación sustancial en los formularios de las ventas. Sin embargo, es probable que su difusión definitiva no se produjera hasta su constitución con valor de ley en el Ordenamiento de Alcalá de 1348. Por tanto, existieron en Castilla escribanos públicos que continuaron con la tradición previa, mientras que otros introdujeron algunas de las novedades legislativas[20]. Ello generó la construcción de esquemas formularios mixtos en los que se puede observar el uso de fórmulas de clara influencia alfonsí junto a otras que no se dispusieron en la legislación, así como circunstancias particulares donde la tradición documental o jurídica previa aún tenía mucho peso.

Para llevar a cabo un estudio general sobre la evolución de los formularios notariales y su examen a través de la estructura de la compraventa ha sido imprescindible renunciar al análisis exhaustivo en beneficio de una selección documental representativa. Ello permite explicar los procesos a niveles macro y, en base a ello, ahondar en estudios de caso para analizar cuáles fueron los procesos de asimilación, renovación y desaparición de las fórmulas notariales en la Corona castellana. Por tanto, ha sido fundamental combinar el trabajo entre documentación editada[21] e inédita[22], con la que cubrir aquellos espacios poco representados en las colecciones diplomáticas al uso[23].

---

20 Esta situación de continuidad e innovación es un fenómeno que puede observarse en otros territorios europeos durante el asentamiento del notariado romanista. Giovanna Nicolaj, "Storie di vescovi e di notai ad Arezzo fra XI e XII secolo", en *Il notariato nella civiltà toscana. Atti di un convegno* (Roma: Consiglio Nazionale del Notariato, 1985), 160-167.

21 Se han cotejado más de 200 colecciones diplomáticas, identificadas a través del empleo de catálogos universitarios y la búsqueda en Internet. Los catálogos más utilizados fueron José Ángel García de Cortázar y Ruiz de Aguirre, José Antonio Munita Loinaz y Luis Javier Fortún Pérez de Ciriza (dirs.), *CODIPHIS: Catálogo de colecciones diplomáticas hispano-lusas de época medieval. 2 vols.* (Santander: Fundación Marcelino Botín, 1999); José Antonio Munita de Loinaz, *XXV años de Historiografía Hispana (1980-2004). Historia Medieval, Moderna y de América* (Bilbao: Servicio Editorial de la Universidad del País Vasco/Argitalpen Zerbitzua Euskal Herriko Unibertsitatea, 2007).

22 Se ha llevado a cabo la consulta de documentación inédita en el Archivo Histórico de la Nobleza y el Archivo Capitular, en Toledo, y en los Archivos Catedralicios de El Burgo de Osma, Cuenca, Sigüenza y Zamora; así como la búsqueda de documentación notarial a través de archivos con portales web, como el Archivo Municipal de Cáceres. https://archivo.ayto-caceres.es/publicaciones/fondo-medieval/.

23 Para más información sobre las fuentes utilizadas, véase Quijano Martínez, "La implantación del notariado público en Castilla (I)", 25-44.

El siguiente paso ha consistido en el acopio de documentos notariales en una base de datos. Ante la abundante cantidad de documentos con los que se ha trabajado, se ha apostado por su etiquetado en *eXtensible Markup Language* (XML)[24], siguiendo el modelo de codificación basado en *Text Encoding Initiative* (TEI), que se viene desarrollando en el grupo de investigación DocuLab[25].

Una vez finalizado el proceso de etiquetado de una amplia selección de documentos notariales, se ha podido observar que la compraventa es el tipo documental más representado entre 1250 y 1350[26], con 1.424 casos, cifra muy elevada en comparación a otras tipologías, como el censo –415– o la donación –401–. Lejos quedan los arrendamientos o acuerdos, entre 200 y 300 ejemplares, y los testamentos, las permutas o las cartas de poder, por debajo de esa cifra[27].

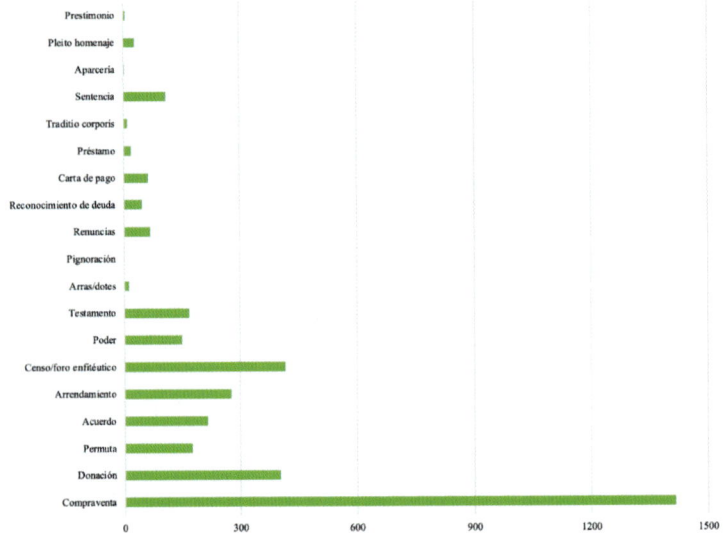

Gráfico 1. Distribución de documentos por tipologías.

24 Este método fue puesto en marcha desde la Universidad de Oviedo. María Josefa Sanz Fuentes y Miguel Calleja-Puerta, "Edición digital del patrimonio documental de Asturias (I). Diseño de la aplicación y digitalización de los documentos medievales publicados", en *La escritura de la memoria: los registros*, coord. por Elena Cantarell Barella y Mireia Comas Vía (Barcelona: PPU. Promociones y Publicaciones Universitarias, 2011), 379-85. Véase también Miguel Calleja-Puerta y Guillermo Fernández Ortiz, "El ordenador como herramienta para la investigación diplomática: evolución y perspectivas," *Documenta & Instrumenta*, núm. 21 (2023): 29.

25 Miguel Calleja-Puerta, "El etiquetado de los documentos notariales para el análisis diplomático: experiencias del proyecto NotFor". En *From Digital to Dinstant Diplomatics. Digital Diplomatics 2022*, ed. por D. Luger y G. Vogeler (Köln: Böhlau, 2025), 235-253.

26 Este tipo documental ya fue analizado por distintos especialistas. Bono Huerta, *Introducción a la Diplomática notarial*, 53-54; Calleja-Puerta y Felpeto Cueva, "Los documentos de compraventa en Asturias", 556-72; Fernández Espinar, "La compraventa en el Derecho", 293-528; Ostos Salcedo, "El formulario de la compraventa de Sevilla", 66-67; Rodríguez Fueyo, "Notariado público en Oviedo (I)", 232-55; entre otros.

27 Con el fin de no obstaculizar la lectura, los documentos inéditos y las colecciones diplomáticas utilizadas han sido recogidos en los apartados 11.2. y 11.3.

Las compraventas son, además, el tipo documental del que más información se tiene en su desglose por décadas, con más de 100, en ocasiones superando los 150 ejemplares.

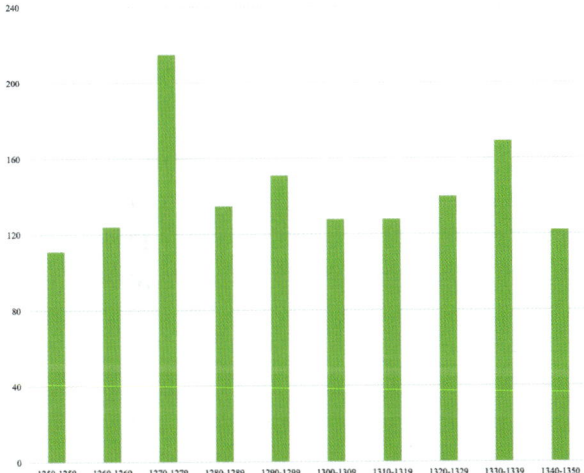

Gráfico 2. Distribución de las compraventas por décadas (1250-1350).

Geográficamente, más de medio millar de las compraventas analizadas pertenecen a Galicia. En segundo término, se encuentran las actuales comunidades autónomas de Castilla y León, Castilla-La Mancha y Andalucía, aportando cada una de ellas entre el centenar y los 200 ejemplares. Para el resto de los territorios se ha podido cotejar una cifra inferior a los 100 documentos, si bien su estudio ha sido necesario para entender la evolución formularia de las ventas.

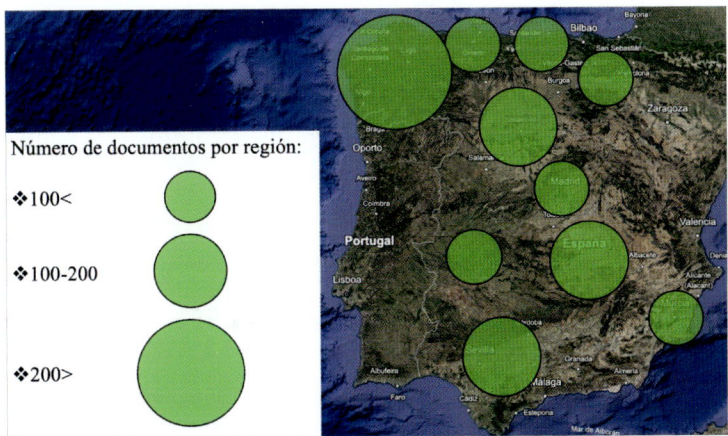

Imagen 1. Distribución de las compraventas por territorios. Imagen propia elaborada con Google Earth Pro.

La abundancia numérica de las compraventas, su extensión uniforme en el tiempo y en el espacio las convierten en el tipo documental que mejor permite observar la evolución del formulario entre 1250 y 1350. Es por ello por lo que no se ha llevado a cabo el análisis de fórmulas como la exposición de hechos, la intitulación y la dirección, pues se considera que no sufrieron una evolución sistemática a raíz de la llegada de las novedades jurídicas, y las conclusiones que podrían emanar de su estudio serían menos determinantes en lo relativo a la evolución de los formularios.

Los elementos del discurso diplomático que se han contemplado en este trabajo comparativo son, siguiendo el orden en el que se presentarán a continuación, la invocación, la notificación, las cláusulas, la data y la validación. La explicación de esta selección radica en que, a lo largo del periodo estudiado, estas fórmulas fueron las que sufrieron una mayor modificación en los formularios de la compraventa[28]. Previo a estas fórmulas, se ha examinado la forma de acceso a la disposición y el verbo dispositivo, con el objetivo de conocer posibles variaciones, y si estas estuvieron relacionadas con la difusión de la normativa alfonsí; seguido de un análisis en el que se ha tratado el paso de la *iussio* a la *rogatio* en el proceso de elaboración de los documentos, y la evolución de la *iussio* notarial. Además, se ha tratado de conocer la estructura que tuvieron las compraventas en los pocos registros notariales conservados antes de 1350.

Cada una de estas fórmulas ha sido analizada primero de manera global y luego a través de estudios de caso. La elección de los lugares que se han examinado en los estudios monográficos responde principalmente al volumen de documentación conservada, aunque en alguna ocasión se han seleccionado poblaciones por sus particularidades locales. A su vez, otro de los pasos seguidos, cuando era posible, ha sido la comparación de las fórmulas empleadas con los modelos recogidos en la legislación alfonsí[29]. Este cotejo permite determinar una cronología, al menos aproximada, del proceso de asimilación, asentamiento y cumplimiento de las innovaciones formulísticas.

---

28 La razón por la que se incluyen fórmulas que desaparecieron durante el asentamiento de los modelos alfonsíes –*e.g.* las invocaciones– y no el preámbulo, que podría entrar en la misma categoría, radica en que los primeros conocieron una extinción paulatina, resistiendo en algunos territorios durante la segunda mitad del siglo XIII y principios del XIV. Por el contrario, el preámbulo parece que pudo tener una desaparición más temprana una vez se implantó la institución notarial, tal y como concluyó Calleja-Puerta. Miguel Calleja-Puerta, "'Equum et rationabile est': extensión y usos de un preámbulo de memoria en la ciudad de Oviedo (siglos XII-XIII)," *Traditio. Studies in Ancient and Medieval History, Thought, and Religion*, núm. 77 (2022): 125-26.

29 Los formularios de la venta se encuentran en Esp. IV, Tít. XII, Ley XXXV; P. III, Tít. XVIII, Ley LVI.

2. EL VERBO DISPOSITIVO

El desarrollo que se produjo en el mundo documental, en general, y en la compraventa, en particular, supuso la introducción de cambios sustanciales en el conjunto del documento. Esta transformación también afectó a los verbos encargados de exponer la naturaleza jurídica del acto documental[30].

2.1. EL ACCESO AL VERBO DISPOSITIVO Y SU ADAPTACIÓN A LA REALIDAD NOTARIAL

Antes del notariado romanista, el verbo dispositivo en Castilla solía ir precedido de la fórmula *facere cartam*, seguida del tipo de negocio al que se asistía[31]. Esta modalidad pervivió durante los primeros años de la institución notarial, gracias al trabajo de algunos *scriptores* prenotariales que continuaron asociados al oficio una vez se asentó el notariado público, principalmente en zonas del noroeste peninsular[32]. Sin embargo, su forma fue adaptándose a los nuevos modos de escritura[33]. Mientras tanto, en algunos lugares del reino, sobre todo en el sur de Castilla, comenzó a desarrollarse otro modelo de esta fórmula bajo la forma *otorgo y conozco*. Ello provocó que, mientras la forma tradicional de acceso al verbo se diluía durante la segunda mitad del siglo XIII, el nuevo modelo se extendiera principalmente a partir del cambio de siglo[34]. Esta situación resulta muy llamativa, pues en la normativa alfonsí no se contempló el empleo de un acceso al verbo dispositivo[35].

---

30 Es la acción por la que el autor manifiesta su voluntad y da origen al acto jurídico o reconoce su existencia, determinando su naturaleza, su alcance, sus modalidades, y posiblemente el origen de la propiedad. María Milagros Cárcel Ortí, *Vocabulario Internacional de Diplomática*, 2ª ed. (Valencia: Colecció Oberta, 1997), 57.

31 Bono Huerta, *Introducción a la Diplomática Notarial*, 53-54.

32 Albarrán Fernández, "Los notarios públicos del rey en Asturias (I)", 219.

33 Rodríguez Fueyo, "Notariado público en Oviedo (I)", 236.

34 Hubo lugares, como Sevilla, donde estaba plenamente difundido en la segunda mitad del XIII. Ostos Salcedo y Pardo Rodríguez, *Notarios de Sevilla en el siglo XIII*, 106-07.

35 *Fulano vende e da por juro de heredad para siempre jamás a fulano.* P. III, Tít. XVIII, Ley LVI.

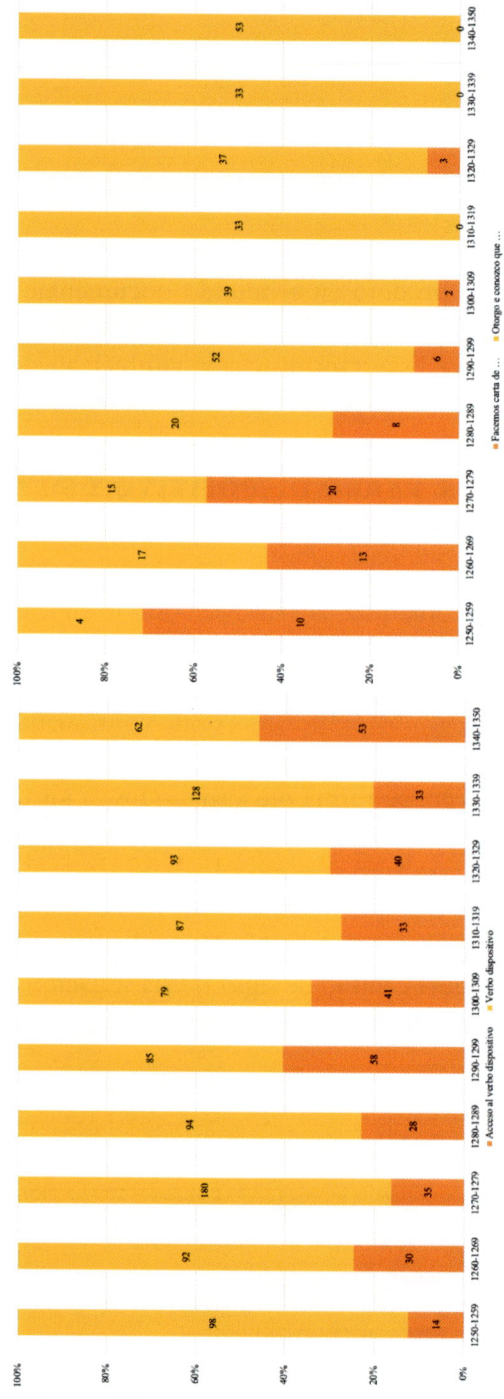

Gráfico 3. Evolución del acceso al verbo dispositivo en las compraventas.

2.2. EL VERBO DISPOSITIVO. EL USO DE VARIOS VERBOS

Al igual que el acceso, el propio verbo dispositivo también conoció una evolución entre los siglos XIII y XIV. En algunos puntos de Castilla solía ir acompañado de otro verbo como reforzamiento del acto jurídico, recordando a una readaptación del acceso. Aunque su uso se registra en el 22,33% de las compraventas analizadas, fue una estructura muy utilizada en el norte peninsular, y a través de su seguimiento se han podido observar ciertas tendencias.

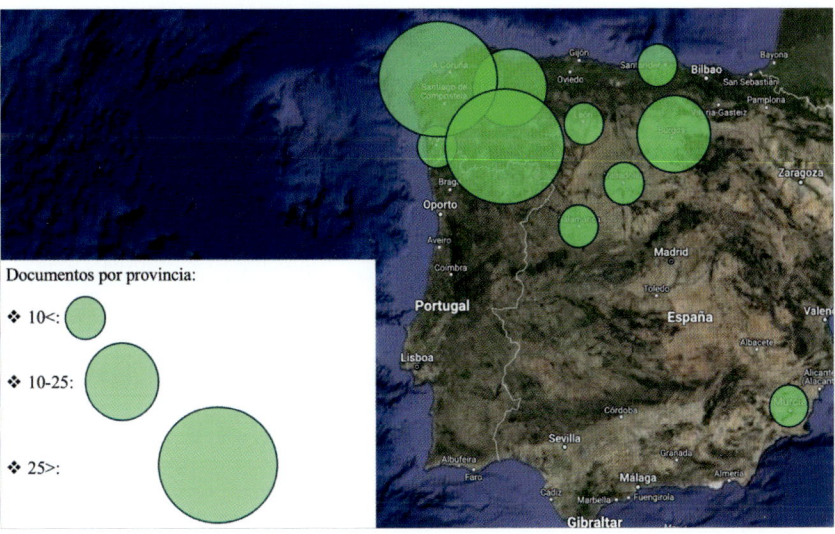

Imagen 2. Mapa de densidad de documentos con verbo dispositivo compuesto.
Imagen propia elaborada con Google Earth Pro.

En las ventas redactadas en latín se ha podido detectar el uso de la expresión *vendo et concedo*, modelo de corte tradicional que tuvo un uso muy local, asociado al territorio gallego. Sin embargo, su forma decayó con la evolución lingüística del latín al romance, aunque algunos núcleos urbanos fueron reacios al abandono del latín y mantuvieron la lengua hasta inicios del siglo XIV, y con ella su estructura. Es el caso de Santiago de Compostela, donde sobrevivió hasta la década de 1320[36].

---

36 Las ventas de Santiago de Compostela que se han utilizado en este trabajo proceden de María Xosé Justo Martín y Manuel Lucas Álvarez, *Fontes documentais da Universidade de Santiago de Compostela: pergameos da Serie BENS do Arquivo Histórico Universitario (años 1257-1537)* (Santiago de Compostela: Consello da Cultura Galega, 1991), nº 3-10, 14, 21, 23, 27, 28, 32, 33, 35-38, 40, 41, 43-45, 48, 52, 53, 56-58, 60, 62, 65, 70, 72, 77-80, 82, 84, 87, 93, 95-98, 104, 106, 109-112, 116, 129, 132, 136-139, 142, 143, 145, 147, 149, 150, 152-155, 157, 159, 162, 164, 169, 171, 172, 174, 176, 180, 182, 186, 189, 190, 193, 198, 200-203, 207, 208, 212, 214-216, 219-222.

Si bien esta forma del verbo dispositivo no desapareció con la llegada del romance, la introducción de un idioma nuevo en el mundo de lo escrito provocó su adaptación, generando distintas formas del verbo dispositivo en función del territorio donde se desarrollaron. En Santiago de Compostela se tradujo la fórmula latina a la forma romance *vendo e otorgo*, habitual en Galicia, y que se consolidó a partir de 1330. En Orense, si bien las ventas redactadas en latín no utilizaron varios verbos, con la entrada del romance en los formularios se desarrolló la fórmula *vendo e otorgo* varias décadas antes que en Compostela[37]. La adaptación romanceada de la forma latina parece que sufrió una mutación en algunas notarías de la ciudad a partir de la recuperación del señorío por parte de la Iglesia orensana hacia 1311, que transformaron el verbo *otorgo* en *entrego*, quizás para hacer referencia a la entrega de la posesión del bien vendido. El caso más llamativo es el de la tienda de escribanía de Alfonso Eanes quien, desde 1311, utilizó regularmente el verbo dispositivo bajo esta estructura compuesta, y que, además, trasladó a su otra notaría en Pereiro de Aguiar (Orense), donde recibía el nombramiento del arzobispo compostelano[38]. Ello habla de un formulario que se empleó en algunas oficinas, y que a partir de su uso se comenzó a difundir por otras notarías en la ciudad.

Fuera del territorio de Galicia se ha podido detectar un fenómeno similar en los alrededores y ciudad de Burgos, donde se utilizó la fórmula *vendo e robro*[39], que en ocasiones se acompañó del acceso al dispositivo[40]. También se ha podido

---

37 Las ventas de Orense que se han utilizado en este trabajo proceden de Pedro Dono López, "Colección de documentos en pergamiño do mosteiro de Santa Comba de Naves. Introducción, edición e índices" (tesis doctoral, Universidad de Santiago de Compostela, 2010), nº 42, 44, 45, 72, 74, 78, 80, 95, 96, 110, http://hdl.handle. net/10347/2868; María Ascensión Enjo Babío, *Colección documental del Archivo de la Catedral de Orense (siglo XIV)* (Santiago: CSIC, 2018), nº 734, 754, 755, 759, 761, 764-766, 768, 779, 783, 784, 792, 793, 799, 805, 806, 814, 818-820, 822, 827, 837-839, 844, 847, 855, 861, 863, 868-870, 874, 911, 920, 923, 926, 937, 941, 944, 953, 958, 1000, 1001, 1006, 1017, 1049, 1064, 1065, 1067, 1095, 1101-1103, 1111, 1114, 1118; José Pablo Méndez Pérez, Pablo Santiago Otero Piñeyro Maseda y Miguel Romaní Martínez, *El monasterio de San Salvador de Chantada (siglos XI-XVI). Historia y documentos* (Santiago de Compostela: CSIC. Instituto de Estudios Padre Sarmiento, 2016), nº 46; Miguel Romaní Martínez, *A colección diplomática do mosteiro cisterciense de Santa María de Oseira (Ourense). Vol. I (1025-1310) (I)* (Santiago de Compostela: Tórculo, 1989), nº 759; *A colección diplomática do mosteiro cisterciense de Santa María de Oseira (Ourense). Vol. I (1025-1310) (II)* (Santiago de Compostela: Tórculo, 1989), nº 908, 943, 956, 1008, 1018, 1029, 1040, 1047, 1048, 1107, 1109, 1122, 1128, 1136, 1178, 1231, 1247, 1313; María Beatriz Vaquero Díaz y Francisco Javier Pérez Rodríguez, *Colección documental del Archivo de la Catedral de Orense. II (1231-1300)* (León: Centro de Estudios e Investigación "San Isidoro", 2010), nº 376, 389, 392, 395, 400, 402, 415, 425, 427, 429, 430, 434, 436, 440, 443, 444, 446-448, 453, 455, 456, 458, 462-465, 469, 472, 474, 479, 481, 482, 489, 490, 492, 494, 497, 499, 501, 505-507, 509, 514, 521, 526, 527, 532, 541, 544, 546, 547, 549, 554, 557, 558, 563, 573, 576, 579, 582, 587, 591, 595, 597-599, 607, 614, 615, 617, 639, 648, 649, 653, 663, 677, 699, 702-705, 719.

38 Dono López, "Santa Comba de Naves", nº 95; Enjo Babío, *Catedral de Orense (siglo XIV)*, nº 799, 844, 847, 868, 911, 945, 951, 958, 960, 993, 998, 999, 1003, 1062, 1080, 1081.

39 La robra es la confirmación de un negocio jurídico mediante la entrega de un bien o una cantidad de dinero. María de las Nieves Sánchez González de Herrero, "Léxico relacionado con la fiscalidad y los fueros en la documentación del monasterio de San Salvador de Oña (siglos X-XIII)," *Scriptum Digital*, núm. 5 (2016): 127.

40 La documentación de Burgos que se ha utilizado en este trabajo procede de ACCu, c. 11, nº 2; AHNob, *Agon-*

observar el empleo de una estructura compuesta en zonas del sudeste peninsular, concretamente, en la región murciana, donde parece que se utilizó, al menos durante la década de 1330, la fórmula *vendo e libro*[41].

2.3. La extensión del verbo dispositivo simple

En el resto de las ciudades del reino parece que el verbo dispositivo estuvo formado únicamente por el verbo *vender*. En algunos puntos de la Corona la sucesión del acceso tradicional a esta estructura simple del verbo dispositivo contó con una evolución natural, como sucedió en Salamanca, donde los últimos ejemplos de acceso al verbo dispositivo datan de 1267[42]. Sin embargo, también se ha podido detectar la situación opuesta, en la que el uso del verbo dispositivo simplificado dio paso al empleo del acceso *otorgo e conozco* junto al verbo. Así ocurrió en Segovia, donde hasta 1285 se localiza el verbo simple *vender*, y a partir de esa fecha hasta, al menos, 1300, se utilizaron ambos modelos indistintamente[43].

---

cillo, Car. 347, n° 5; Araceli Castro Garrido, *Documentación del monasterio de Las Huelgas de Burgos (1307-1321)* (Burgos: J.M. Garrido Garrido, 1987), n° 272, 281, 320, 326, 343, 348, 349, 352-354, 356, 357, 362; *Documentación del monasterio de Las Huelgas de Burgos (1322-1328)* (Burgos: J.M. Garrido Garrido, 1987), n° 386, 390-393; Araceli Castro Garrido y José Manuel Lizoain Garrido, *Documentación del monasterio de Las Huelgas de Burgos (1284-1306)* (Burgos: J.M. Garrido Garrido, 1987), n° 58, 130, 144, 188, 191; José Manuel Lizoain Garrido, *Documentación del monasterio de Las Huelgas de Burgos (1231-1262)* (Burgos: J.M. Garrido Garrido, 1985), n° 503, 514; *Documentación del monasterio de Las Huelgas de Burgos (1263-1283)* (Burgos: J.M. Garrido Garrido, 1987), n° 563, 565, 566, 589, 602, 604.

41 Las ventas de Murcia que se han utilizado en este trabajo proceden de Isabel García Díaz, *Documentos del siglo XIV: Archivo de la Catedral de Murcia* (Murcia: Real Academia Alfonso X el Sabio, 1989), n° 13, 14, 17-21, 30; Juan Torres Fontes, *Documentos para la Historia medieval de Cehegín* (Murcia: Academia Alfonso X el Sabio, 1982), n° 2.

42 La documentación de Salamanca que se ha utilizado en este trabajo procede de María Luisa Guadalupe Beraza *et al.*, *Colección documental de la Catedral de Salamanca. Vol. I (1068-1300)* (León: Centro de Estudios e Investigación "San Isidoro", 2010), n° 292, 313, 322, 323, 327, 330, 331, 333-335, 337, 338, 342-346, 349-352, 355, 358, 359, 363, 364, 366, 367, 369, 373, 384-387, 401, 411, 416, 417, 420, 423, 425, 428, 436-439, 443, 445, 448, 449, 452, 453, 456-458, 463, 466-468, 471, 473, 474.

43 La documentación de Segovia utilizada en este trabajo procede de Lizoain Garrido, *Huelgas de Burgos (1263-1283)*, n° 586; Paulina López Pita, *Documentación medieval de la Casa de Velada. Instituto Valencia de Don Juan. Vol. I (1193-1393)* (Ávila: Diputación Provincial de Ávila. Instituto Gran Duque de Alba, 2002), n° 64, 65; Luis Miguel Villar García, *Documentación medieval de la Catedral de Segovia (1115-1300)* (Salamanca: Ediciones de la Universidad de Salamanca, 1990), n° 185-187, 203, 204, 208, 214, 227, 234, 240, 243.

3. DEL MANDATO AL RUEGO. EL PASO DE LA *IUSSIO* A LA *ROGATIO* EN LA DOCUMENTACIÓN NOTARIAL

En el aspecto genético, la *iussio* y la *rogatio* cumplieron el papel de ser el proceso que daba comienzo a la redacción del documento, por el cual los protagonistas, en presencia de los testigos, pedían y/o mandaban al escribano público que redactase el negocio consignado o lo mandase redactar a un amanuense[44]. Tradicionalmente, la acción de uno u otro, ruego u orden, venía determinada por la posición de poder. Aquellos individuos que ocuparon un cargo público –*e.g.* alcaldes o jueces– pudieron ejercer un mandato sobre los notarios –*iussio* judicial–, mientras que quienes carecían o no ejercieron un poder público debían expresar su ruego al escribano público[45]. Su aparición es también una señal, según López Gutiérrez, de que el notario podía ejercer una triple función: escribano público, escribano de justicia o escribano del concejo[46].

En los documentos entre particulares se dio un proceso de paulatina transformación del léxico, en el que el mandato fue dando paso al ruego, si bien el primero pervivió como reminiscencia de la actividad anterior y de la condición de los protagonistas del contrato. Ello situó al escribano público en una posición de privilegio como aquel oficial encargado de dar fe pública a la documentación notarial previa petición de los interesados[47]. Este momento de la génesis solía quedar expresado dentro del documento, bien por los otorgantes o por el propio escribano público en su suscripción[48].

---

44 La *iussio* es la acción por la que se ordena, de forma escrita o verbal, la constitución del acto escrito, y la *rogatio* es la petición de redacción de un documento privado. Cárcel Ortí, *VID*, 84-86; Rojas Vaca, "Los inicios del notariado público", 341-42.

45 José Bono Huerta, "Conceptos fundamentales de Diplomática notarial," *Historia. Instituciones. Documentos*, núm. 19 (1992): 78.

46 Antonio José López Gutiérrez, "Génesis y tradición del documento notarial castellano a través de las fuentes legales alfonsíes", en *Escritura, notariado y espacio urbano en la Corona de Castilla y Portugal (siglos XII-XVII)*, ed. por Miguel Calleja-Puerta y María Luisa Domínguez Guerrero (Gijón: Trea, 2018), 38-39.

47 Bono Huerta, "La práctica notarial", 499.

48 Rodríguez Fueyo, "Notariado público en Oviedo (I)", 126.

3.1. LA EVOLUCIÓN DE LA *IUSSIO* Y LA *ROGATIO*

La institución notarial se había preparado para la reformulación de la génesis documental y que los intervinientes en los negocios pasasen de ejercer un mandato sobre el notario a, gracias a su nueva consideración de oficial público, un ruego. Sin embargo, la ley LIV de la Tercera Partida, encargada de establecer cómo debía cerrar el escribano público un documento notarial, dejó abierta la posibilidad a que se ejecutase un mandato sobre el escribano público, si bien no especificó los motivos para cada situación:

> *Yo, fulano, escriuano público de tal lugar, estaua delante quando los que son escritos en esta carta (…) e por ruego e por mandado dellos escreuí esta carta pública e puse en ella mío signo e escreuí mi nome*[49].

No obstante, la *completio* recogida en el formulario de la venta determinó que los protagonistas únicamente podrían rogar al escribano público la redacción documental:

> *Yo, fulano, escriuano de tal lugar, fuy presente a todas estas cosas que son escritas en esta carta, e por ruego de fulano, vendedor, e fulano, comprador, los sobredichos, escreuí esta pública carta e puse en ella mi signo*[50].

El análisis de las compraventas ha permitido observar que la presencia del momento genético en la documentación, salvo en la primera década de estudio, aparece entre un tercio y la mitad de los ejemplares analizados, lo que refleja una ausencia significativa en la documentación que dificulta un conocimiento más completo de la realidad. Esta situación pudo estar relacionada con que debieron existir lugares donde apenas se expresó el ruego o el mandato.

Generalmente, el norte peninsular ha sido un territorio en el que la expresión de la *iussio* o la *rogatio* estuvo ausente en la documentación con frecuencia. En Asturias fue un elemento irregular en las ventas hasta 1358[51]. Algo similar ocurre en Lugo, donde no se ha apreciado la inclusión de la *iussio* o la *rogatio* antes de 1300 y, aunque en la segunda mitad del siglo XIV aumentó la frecuencia con la que apareció en las ventas, su empleo siguió siendo minoritario[52].

---

49 P. III, Tít. XVIII, Ley LIV.

50 P. III, Tít. XVIII, Ley LVI.

51 Calleja-Puerta y Felpeto Cueva, "Los documentos de compraventa en Asturias", 565.

52 Las ventas de Lugo que se han utilizado en este trabajo proceden de María José Portela Silva, *Documentos da Catedral de Lugo. Século XIV. Vol. I* (Santiago de Compostela: Consello da Cultura Galega, 2007), nº 27, 31, 43-45, 52, 53, 59, 62, 70, 73, 74, 76, 84, 89, 90, 95, 110, 112, 120, 123, 137, 148, 206, 207, 209, 220, 222, 235, 236,

Et eu, Ruy Ferrnandes, notario público de Lugo, a esto commo dito he rogado presente foy, et esta carta en minna presença fis escrivir, et puge en ella meu signal en testemoyo de verdade[53].

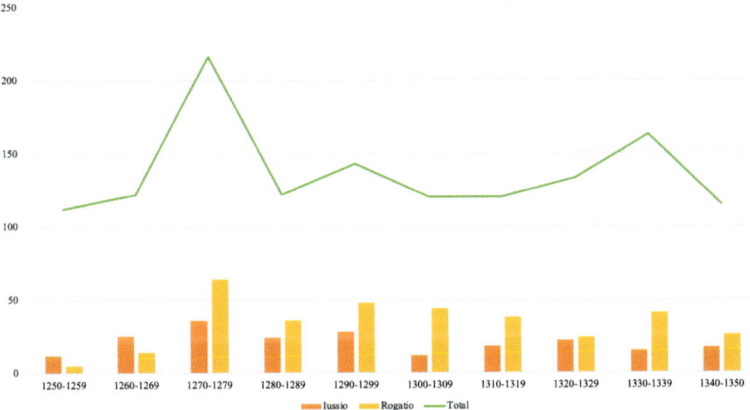

Gráfico 4. La aparición de la *iussio* o la *rogatio* en las compraventas.

En el extremo nororiental de la Corona parece que se produjo un proceso similar. En Burgos no se ha localizado su uso hasta la década de 1280 cuando, coincidiendo con el periodo de difusión de la Tercera Partida, comienzan a aparecer referencias a una u otra, sobre todo en anuncios de validación, aunque su omisión continuó siendo lo habitual[54]. El empleo de la *iussio* se detecta cuando participaron en el negocio individuos con una cierta posición política y/o pública en la ciudad. Ejemplo de ello es una venta de 1305 de doña Teresa, su marido, Juan Rodríguez de Rojas I, y Fernando Díaz en favor de Urraca Alfonso, abadesa de Las Huelgas, y del merino Pedro Gil, en nombre del Hospital del Rey[55]. La presencia de Juan Rodríguez de Rojas I, un ricohombre que adquirió a fines del siglo XIII y principios del XIV gran importancia en el contexto geopolítico castellano, y de sus acompañantes justifica que, en la corroboración, se indicase la petición y la orden que recibió Martín González, escribano público burgalés, para redactar la carta[56].

239, 242, 246, 248, 275, 286, 295, 297, 298, 300-303, 304, 306, 308-313, 315-317, 319, 327, 328, 346, 349, 351, 368, 378, 440, 447, 499; José Ángel Rey Caíña, "Colección diplomática de Ferreira de Pallares" (tesis doctoral, Universidad de Granada, 1985), n° 125, 127, 135, 145, 152, 171, 173, 176, 179, 180, 194, 195, 210, 218, 220, 257, 260, 263, 276, 279, 337, 361, http://hdl.handle.net/10481/14308; Romaní Martínez, *Santa María de Oseira (II)*, n° 784, 912.

53 Portela Silva, *Catedral de Lugo (I)*, n° 297.

54 Rojas Vaca, "Los inicios del notariado público", 341-43 y 386.

55 Castro Garrido y Lizoain Garrido, *Huelgas de Burgos (1284-1306)*, n° 191.

56 Ignacio Álvarez Borge, *Ascenso social y crisis política en Castilla c. 1300: en torno a Juan Rodríguez de Rojas y su*

> *E porque esto non venga en dubda, nos, todos los sobredichos vendedores e fiadores, rogamos e mandamos a Martin Gonçález, escriuano público de Burgos, que fiziese desto esta carta*[57].

Según se avanza hacia al sur se puede observar que la verbalización del ruego o el mandato no estuvo determinada por un criterio geográfico, y algunas ciudades continuaron sin incluir la *iussio* o la *rogatio* en las ventas, como ocurrió en Sevilla[58]. Ostos Salcedo y Pardo Rodríguez ya alertaron de que el empleo del ruego y de la *iussio* en Sevilla fue excepcional[59], y que así continuó durante la primera mitad del Trescientos[60]. De los veinte anuncios de validación, solo en tres los actores del negocio mandaron al notario la confección del contrato, y en las suscripciones notariales solo se identifica una *rogatio* sobre el escribano público[61].

Mientras muchas poblaciones rara vez expresaron el ruego o el mandato, existieron otras donde su uso se produjo con relativa frecuencia, pudiendo apreciarse la sustitución paulatina de la *iussio* en favor de la *rogatio*[62]. En Salamanca todas las ventas a partir de 1270 expresaron el ruego al escribano público en el anuncio de validación, reiterado en ocasiones en la suscripción notarial:

> *Et porque esto sea firme et non uenga en dubda, rogamos a Alffonso Domíngues, notario público del rey en Salamanca (…) Et yo, Alffonsso Domingues, notario sobredicho, a su ruego fis esta carta et pus en ella mío signo que es atal*[63].

También se han podido localizar lugares en los que la *iussio* fue habitual. En Cuenca se ha identificado el mandato al notario cuando se incluyó una cláusula de corroboración[64]. Durante los primeros años, se utilizó un anuncio de valida-

grupo familiar (Salamanca: Ediciones Universidad de Salamanca, 2019), 13-24.

57 Castro Garrido y Lizoain Garrido, *Huelgas de Burgos (1284-1306)*, n° 191.

58 La documentación que se ha recopilado para este trabajo procede de AHNob, *Fernán Núñez*, Car. 430, n° 10; *Osuna*, Car. 76, n° 3; Gloria Centeno Carnero, *Real Monasterio de Santa Clara de Sevilla. Colección diplomática (1264-1569)* (Sevilla: Ayuntamiento de Sevilla. Instituto de la Cultura y las Artes, 2017), n° 1, 3, 4, 6, 7, 13, 28, 30, 31; Ostos Salcedo y Pardo Rodríguez, *Notarios de Sevilla en el siglo XIII*, n° 1-11, 14-17, 23-26, 28-32, 34, 38, 40, 41, 49, 51, 53, 55-58, 62, 64, 70, 72-74, 76, 79, 81, 83, 86, 88, 90, 92, 95, 96, 101, 102, 107-108, 110, 115, 120, 122, 125, 126, 129, 133; María Asunción Vilaplana Montes, *La colección diplomática de Santa Clara de Moguer (1280-1483)* (Sevilla: Secretariado de Publicaciones de la Universidad de Sevilla, 1975), n° 32, 44.

59 Ostos Salcedo y Pardo Rodríguez, *Notarios de Sevilla en el siglo XIII*, 34-36.

60 Ostos Salcedo y Pardo Rodríguez, *Notarios de Sevilla en el siglo XIV*, 26-27.

61 Ostos Salcedo y Pardo Rodríguez, *Notarios de Sevilla en el siglo XIII*, n° 2, 79, 83, 95.

62 Este proceso no fue igual de eficaz en todo el reino, y en lugares como Córdoba se expresó una u otra indistintamente hasta principios del XIV. Guerrero Congregado, "Notariado en Córdoba (I)", 220-21.

63 Guadalupe Beraza *et al.*, *Catedral de Salamanca (I)*, n° 458.

64 Las ventas de Cuenca que se han analizado en este trabajo proceden de ACCu, c. 6, n° 17, 23; c. 7, n° 14; c. 8, n° 2, 4, 19; c. 9, n° 5, 12, 17, 18; c. 10, n° 4, 10; c. 11, n° 12; c. 13, n° 5, 23; c. 14, n° 1, 8, 9, 21, 23-25; c. 15, n° 2, 5-7, 13, 15, 18-20, 25, 26; c. 16, n° 4, 5, 7, 8, 12-14, 17; c. 17, n° 5; c. 18, n° 14, 20, 22, 26; c. 19, n° 8, 14; c. 20, n° 1, 13; Paulino Iradiel Murugarren, "Bases económicas del Hospital de Santiago de Cuenca: tendencias del

ción bajo la forma *mandamos fazer esta carta a fuero de Cuenca*[65], aunque, a partir de 1330, se adoptó la forma *et desto, mandamos fazer esta carta*[66]. Esta modalidad de corroboración, si bien no expresa explícitamente la orden hacia el escribano público, se asemeja a la vista en las suscripciones de otorgantes en zonas del norte peninsular, como León, por lo que podría considerarse una fórmula tradicional que se mantuvo, readaptada, en la documentación notarial.

3.2. LA *IUSSIO* NOTARIAL Y SU REFLEJO EN LAS COMPRAVENTAS[67]

Si bien la *iussio* y la *rogatio* se expresaron intermitentemente en las compraventas, la verbalización del empleo de escribanos amanuenses en la redacción documental fue muy frecuente. Esta orden que recibía el escribano de la notaría refleja la distribución de las competencias y la organización jerárquica de las oficinas, relacionado directamente con la profesionalización de la institución notarial durante los siglos XIII y XIV[68]. Incluso tras la delegación de su oficio, los lugartenientes y los excusadores continuaron ejerciendo la *iussio* sobre los escribanos de la tienda[69].

El uso de amanuenses y la expresión del mandato que recibió del notario público fue un fenómeno que creció durante el periodo en estudio, sobre todo a partir de la década de 1320, como reflejo de la evolución de las notarías castellanas.

Sin embargo, el desarrollo de la *iussio* notarial no fue homogéneo en todos los lugares de la Corona, y pudo estar determinado por las circunstancias documentales de cada población y la organización de sus notarías[70]. Ello llevó a que ciu-

---

desarrollo económico y estructura de la propiedad agraria," *Anuario de Estudios Medievales*, núm. 11 (1981): nº 32, 33.

65 ACCu, c. 7, nº 14.

66 ACCu, c. 18, nº 20.

67 En este apartado se van a analizar las referencias directas recogidas en la documentación. Por tanto, se ha de ser cauto ante la posibilidad de que hubiese escribanos públicos que expresasen la autoría del documento escrito, pero que realmente fuese obra de oficiales a su servicio.

68 Ostos Salcedo y Pardo Rodríguez, *Notarios de Sevilla en el siglo XIV*, 27-28.

69 María Josefa Sanz Fuentes, "Documento notarial y notariado en la Asturias del siglo XIII", en *De documentos y escrituras. Homenaje a María Josefa Sanz Fuentes* (Oviedo-Sevilla: Ediciones de la Universidad de Oviedo-Editorial de la Universidad de Sevilla, 2018), 189-90.

70 El desarrollo y evolución de las tiendas de escribanía en Sevilla favoreció la aparición de la *iussio* notarial con cierta asiduidad desde los años 70 del siglo XIII. Mientras tanto, en la próxima ciudad de Córdoba no se constata la participación de amanuenses en la documentación hasta los años finales de la centuria. Guerrero Congregado, "Notariado en Córdoba (I)", 223-24; Ostos Salcedo y Pardo Rodríguez, *Notarios de Sevilla en el siglo XIII*, 36-38.

dades como Santiago de Compostela, con una tradición escrita muy arraigada, presentaran las primeras manifestaciones de la *iussio* notarial en la segunda mitad del siglo XII[71]. El 98% de las ventas analizadas expresan el mandato del escribano público compostelano a un amanuense, que cerrará en la mayoría de las ocasiones el documento. La estructura de la *completio* parece que ya estaba en funcionamiento antes de Alfonso X, quizás desde principios del siglo XIII[72].

> *Eu, Fernán Abril, notario do conçello de Santiago jurado por la Iglleia de Santiago, presente foy et confirmo et meu synal ponno e de meu mandado Pero Migeles scripuió. Eu, Pero Migeles de mandado do dito notario scripuí[73].*

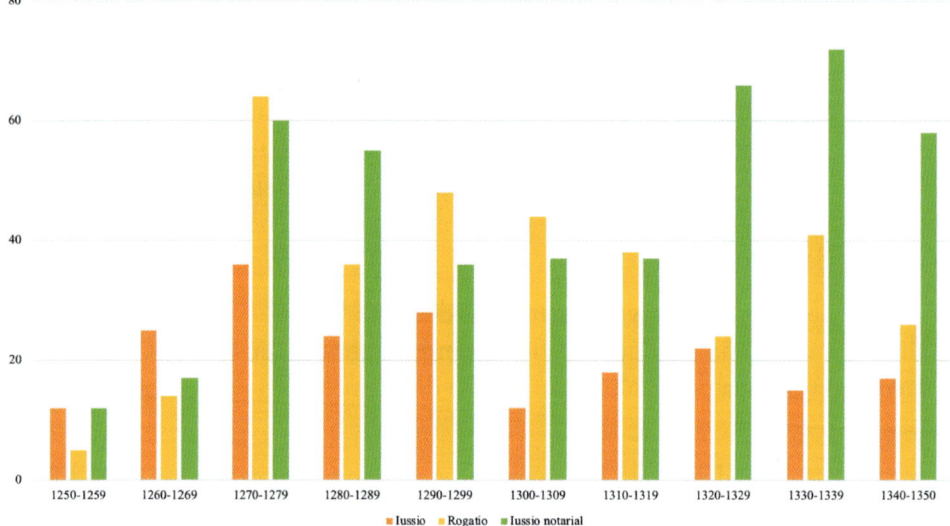

Gráfico 5. La aparición de la *iussio*, la *rogatio* y/o la *iussio* notarial en las compraventas.

El empleo de amanuenses en la redacción documental puede observarse en el noroeste peninsular desde fechas más tempranas que otros puntos de la Corona. Ello pudo favorecer, incluso, a pueblas nuevas que se fundaron en la costa cantábrica y gallega, como parece ocurrir con Pontedeume[74]. En once de los trece

---

71 Mercedes Vázquez Bertomeu, *Notarios, notarías y documentos en Santiago y su tierra en el siglo XV* (A Coruña: Publicacións do Seminario de Estudos Galegos, 2001), 11.

72 Emilia Bouza Álvarez, "Orígenes de la notaría: notarios en Santiago de 1100 a 1400," *Compostellanum: Revista de la Archidiócesis de Santiago de Compostela* 5, núm. 4 (1960): 605-07.

73 Justo Martín y Lucas Álvarez, *Universidade de Santiago de Compostela*, nº 56.

74 La documentación utilizada para este trabajo procede de José Luis López Sangil, "El monasterio cisterciense de Santa María de Monfero a través de su documentación (1088-1300)," *Nalgures*, núm. 16 (2020): nº 443-447, 474, 490, 496, 504, 509, 511, 529, 541.

documentos de venta entre 1270 y 1300 se puede observar el uso recurrente de amanuenses en la escrituración del contrato, reflejado en la suscripción del escribano, su declaración como testigo y en la *completio* notarial a través de la expresión *fiz escriuir*.

> *Et eu, Johán Maloo, escriuí por mandado de Diego Peláez, notario del rey na Ponte d'Eume, e soo testes. Et eu, Diego Peláez, notario público del rey na pobra da Ponte d'Eume, fiz escriuir ao sobredito Johan Maloo et eu conffirmo e pogno meu nome e meu signal*[75].

Según se avanza hacia el sur, el empleo de escribanos amanuenses se pudo producir en fechas más avanzadas del siglo XIII, incluso en la primera mitad del Trescientos. Si bien su documentación notarial parte de finales de la década de 1280, parece que en Madrid el empleo de amanuenses ya estaba en funcionamiento antes de la implantación de la institución en la villa[76]. Sin embargo, en las décadas finales del siglo XIII no se registró la actividad de amanuenses en la confección documental de las ventas analizadas, salvo en 1285 y 1286[77]. Con el cambio de siglo, la actividad de trabajadores en las notarías madrileñas, verbalizado a través de la expresión *lo fiz escrivyr*, siguió siendo episódica[78], aunque el uso de escribanos en las tiendas de escribanía del territorio madrileño era de sobra conocido en las últimas décadas del siglo XIII, pues en Alcalá de Henares se detecta la verbalización de la *iussio* notarial desde 1276[79].

En Cuenca se puede observar que fue frecuente la redacción por parte de los escribanos públicos de los documentos emitidos en su notaría hasta el siglo XIV, sobre todo hasta 1320, pues a partir de entonces se puede observar un incremento en la verbalización de la *iussio* notarial, aunque aún existen documentos redactados por los titulares de las notarías. La excepción que supone la década de 1260 tiene que ver con la figura de Juan González, uno de los primeros escribanos públicos de la ciudad. Este oficial tuvo a su servicio a Pedro García, encargado de la elaboración de los documentos que emitió su tienda de escribanía, y que años más tarde adquiriría un título de notaría. La razón por la que existió una oficina

---

75 *Ibidem*, n° 444.

76 María Teresa Carrasco Lazareno, "Del 'scriptor' al 'notarius publicus'. Los escribanos de Madrid en el siglo XIII," *Espacio, Tiempo y Forma. Serie III, Historia Medieval*, núm. 16 (2003): 306.

77 Las ventas de Madrid utilizadas en este trabajo proceden de María Teresa Carrasco Lazareno, "La documentación de Santo Domingo el Real de Madrid (1284-1416). II. Colección diplomática" (tesis doctoral, Universidad Autónoma de Madrid, 1994), n° 13-17, 25, 31, 53, 64, 65, 67, 79, 80, http://hdl.handle.net/10486/6259.

78 *Ibidem*, n° 64, 65, 67.

79 La documentación utilizada procede de ACBO, *Siglo XIV*, n° 9; ACT, *Capitular*, A.3.A.1.22g, V.10.A.3.2, X.6.H.1.4.

con amanuenses en fechas tan tempranas puede estar relacionada con la condición de *omme del rey* de Juan González[80].

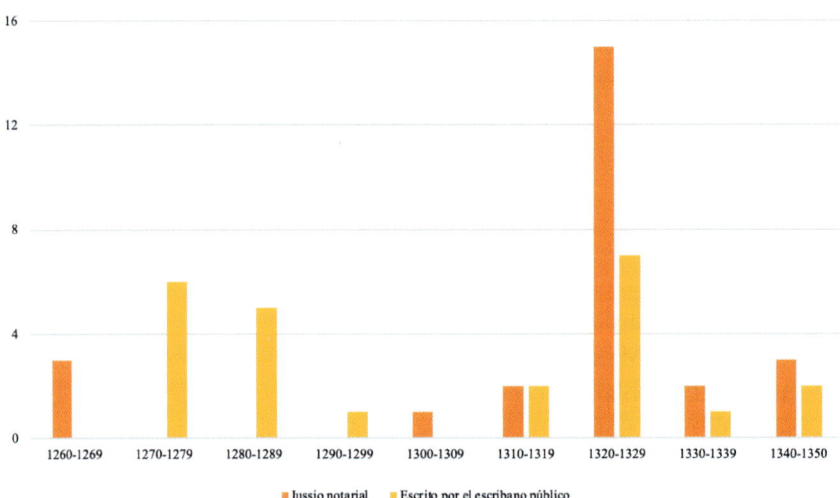

Gráfico 6. La *iussio* notarial en las compraventas de Cuenca.

Sin embargo, parece que en los extremos noreste y sur de la Corona el desarrollo de las notarías y su organización fue ligeramente más retardatario que en la Meseta y en el noroeste peninsular, y los cambios son difícilmente apreciables con anterioridad al cambio de siglo. En el espacio nororiental de Castilla ha sido difícil rastrear el momento de la *iussio* notarial antes de 1350[81], y en Logroño hay que esperar hasta 1347 para localizar la primera venta donde se expresó el mandato al amanuense[82]. Contrario a ello, Santo Domingo de la Calzada, quizás por la concesión del Fuero Real en 1255, pudo tener sus notarías organizadas con anterioridad[83]. Si bien en cinco de las once ventas identificadas se ha podido detectar el uso de la *iussio* notarial, antes del cambio de siglo los testimonios analizados hablan de la actividad directa del escribano público calceatense sobre los

---

80   *Yo, Pero García, la escreuí por mandado de Juan González, omme del rey e notario público del conçeio de Cuenca, e fiz en ella este su sig-(signo)-no en testimonio.* ACCu, c. 7, nº 14.

81   Las ventas de Logroño proceden de Francisco Javier García Turza, *Documentación medieval del monasterio de San Prudencio de Monte Laturce (ss. X-XV)* (Logroño: Instituto de Estudios Riojanos, 1992), nº 90; Eliseo Sáinz Ripa, *Colección diplomática de las Colegiatas de Álbelda y Logroño. T. I (924-1399)* (Logroño: Instituto de Estudios Riojanos, 1981), nº 98, 100, 119, 128, 131, 132, 138, 145, 146, 171.

82   *Ibidem*, nº 171.

83   La documentación de Santo Domingo de la Calzada procede de Ciriaco López de Silanes y Eliseo Sáinz Ripa, *Colección diplomática calceatense. Archivo Catedral (1125-1397)* (Logroño: Instituto de Estudios Riojanos, 1985), nº 46, 50, 52, 57, 64, 70, 97; *Colección diplomática calceatense. Archivo Municipal (1207-1498)* (Logroño: Instituto de Estudios Riojanos, 1989), nº 23-26.

negocios de su notaría. Es a partir de 1300 cuando parece que el notariado de la ciudad adquirió mayor complejidad, expresada en el uso de amanuenses para la redacción documental.

> *E yo, Iohan Pérez, escriuano público del conçeio de Santo Domingo de la Calçada, que esta carta fiz escrivir e pus en ella este mi sig-(signo)-no en testimonio de uerdat*[84].

Esta situación pudo ser similar a la de las poblaciones recién incorporadas del sur peninsular, pues en las localidades onubenses de Niebla y Moguer, con unos testimonios escritos escasos, sobre todo antes de 1300, se ha podido observar una evolución tardía de las tiendas de escribanía. Mientras que en Moguer no se tienen referencias del uso de la *iussio* notarial en todo el periodo en estudio[85], en Niebla no fue hasta 1330 cuando se detecta una profesionalización de las notarías iliplenses, que repercutió en una mayor verbalización de la orden sobre los amanuenses[86].

> *Et yo, Domingo Johán, escriuano público de Niebla a merced de nuestro sennor el rey por Johán Alfonso, de la cámara, fiz escreuir esta carta e fiz en ella mío sig-(signo)-no e so testigo*[87].

---

84 López de Silanes y Sáinz Ripa, *Archivo Catedral*, nº 70.

85 La documentación de Moguer procede de Vilaplana Montes, *Santa Clara de Moguer*, nº 17, 18, 20, 26, 28, 29, 31, 35-37.

86 Las ventas de Niebla utilizadas en este estudio proceden de Ana María Anasagasti Valderrama y Laureano Rodríguez Liáñez, *Niebla y su tierra en la Baja Edad Media. Vol. I. Historia y Documentos* (Huelva: Diputación Provincial de Huelva. Servicio de Publicaciones, 2006), nº 35, 104, 117, 126; Vilaplana Montes, *Santa Clara de Moguer*, nº 1, 3-10, 12, 13, 15, 16, 19, 21, 22, 25, 34.

87 Anasagasti Valderrama y Rodríguez Liáñez, *Niebla y su tierra (I)*, nº 104.

4. LA FORMA DE LA COMPRAVENTA EN EL REGISTRO MEDIEVAL

Dentro de la normativa promulgada por Alfonso X también se trató de regular la obligatoriedad de recopilar las escrituras expedidas por los escribanos públicos en libros registro[88]. El Fuero Real estipuló que el escribano público debía dejar constancia de las escrituras que pasaban ante él a través de notas donde quedasen recogidos los datos esenciales del negocio, con el objetivo de poder probarse su autenticidad en caso de pérdida o daño del documento original[89].

> *Los escribanos públicos tengan las notas primeras de las cartas que ficieren (...) porque si la carta fuere perdida o veniere sobrella alguna dubda, pueda seer provada por la nota onde fue sacada*[90].

Las Partidas completaron esta normativa, e introdujeron el registro como el libro donde debían redactarse las notas de cada uno de los negocios emitidos en las notarías.

> *Tenudos son los escriuanos públicos de las ciudades e de las villas de guardar e fazer todas estas cosas que aquí mostramos, primeramente que deuen auer vn libro por registro en que escriuan las notas de todas las cartas en aquella manera que el juez les mandare, o que las partes que les mandan y fazer la carta se acordasen ante ellos*[91].

A pesar de que la normativa introdujo la necesidad y obligatoriedad de los libros de registro en las oficinas notariales, apenas se han conservado testimonios de estos en Castilla antes de 1350, más allá de un ejemplar localizado en Castrillo-Tejeriego (Valladolid)[92] y varios registros conservados en la localidad soriana

---

88 Juan de la Obra Sierra, "Los registros notariales castellanos", *en La escritura de la memoria: los registros*, ed. por Elena Cantarell Barella y Mireia Comas Vía (Barcelona: Promociones y Publicaciones Universitarias, 2011), 73-110.

89 José Bono Huerta, *Los archivos notariales* (Sevilla: Junta de Andalucía, Dirección General del Libro, Bibliotecas y Archivos, D.L., 1985), 20.

90 FR. I, Tít. VIII, Ley II.

91 P. III, Tít. XIX, Ley IX.

92 Carlos Manuel Reglero de la Fuente y Mauricio Herrero Jiménez, *Escritura, poder y vida campesina en la Castilla del siglo XIV: el registro notarial de Castrillo-Tejeriego (1334-1335)* (Murcia: Editum, Sociedad Española de Estu-

de Ágreda[93]. En estos libros de escrituras notariales se conservan 526 asientos correspondientes a documentos de compra-venta, divididos en 45 dentro del registro de Castrillo-Tejeriego (1334-1335)[94] y el resto en los distintos libros de Ágreda, desglosados, por orden cronológico, de la siguiente manera: cinco (1338-1339)[95]; 170 (1339-1340)[96]; 179 (1339-1341)[97]; dieciocho (1342-1343)[98]; 79 (1343-1344)[99]; siete (1347)[100]; y veintitrés, en dos registros de 1348[101].

A través de su análisis, se ha podido comprobar que también pudieron existir diferencias en la forma en la que se redactaron las ventas en los registros notariales. En el de Castrillo-Tejeriego, los asientos de las compraventas aparecen bajo un estilo de redacción subjetivo y tienen una extensión considerable. En primer lugar, se encuentra la intitulación completa, seguida del verbo dispositivo, precedido del acceso al dispositivo, y la dirección, nuevamente completa. El objeto de la disposición está formado por el bien vendido, su deslinde, cuando resulta necesario, su precio –no siempre con la equivalencia en dineros– y la fórmula de aceptación del pago. El aparato clausular lo conforma la cláusula de saneamiento, frecuentemente acompañada por la cláusula de obligación de personas y bienes.

---

dios Medievales, 2021).

93 Agustín Rubio Semper, *Fuentes Medievales Sorianas: Ágreda I* (Soria: Diputación Provincial de Soria, 1991); *Fuentes Medievales Sorianas: Ágreda II* (Soria: Diputación Provincial de Soria, 2001); Agustín Rubio Semper y Carmen María García Zapata, *Fuentes Medievales Sorianas: Ágreda III* (Soria: Diputación Provincial de Soria, 2013); Manuel Hurtado Quero, *Fuentes Medievales Sorianas: Ágreda IV* (Soria: Diputación Provincial de Soria, 2001).

94 Reglero de la Fuente y Herrero Jiménez, *Castrillo-Tejeriego*, nº 3-5, 13, 14, 16, 21, 24, 27, 28, 37, 59, 60, 66, 71, 74, 78, 82, 85, 96, 98-100, 106, 113, 115-117, 119, 124, 126-128, 130, 132, 138, 141, 144, 148-152, 155, 156.

95 Rubio Semper, *Ágreda* (I), nº 3, 13, 37, 52, 63.

96 *Ibidem*, nº 69, 70, 72, 89, 101, 103, 105, 107, 109, 114, 115, 119, 121, 122, 123, 125, 127, 130, 131-134, 136, 137, 141, 144, 147, 149, 150, 151, 160, 167, 168, 169, 170-173, 175, 177-180, 187, 194-196, 199, 202, 203, 205, 206, 210, 212-214, 218, 219, 223, 224, 226, 227, 230, 232-237, 241, 243, 244, 249-251, 259, 260, 261, 264, 266-268, 271-273, 275, 277, 280-283, 286, 287, 290-293, 298, 301, 308, 310, 320, 321, 324-327, 330, 331, 335, 336, 338, 339, 344, 347, 371, 376, 382, 391, 396, 407, 410, 411, 413, 419, 425, 426, 433, 436, 443, 445, 454, 457, 458, 459, 462, 463, 466, 467, 469, 472, 474, 478, 480, 483, 484, 491, 492, 504, 505, 508, 509, 510, 514, 535-537, 542-544, 547, 553, 554, 563, 573-575, 577, 581, 582.

97 Rubio Semper, *Ágreda* (II), nº 152, 188, 190, 192, 193, 197, 198, 200, 204, 208, 214, 219, 220, 222, 225, 227-229, 231-236, 238, 245, 247-249, 254, 255, 257-259, 262, 265-270, 272, 281, 284, 285, 286, 289-292, 294, 297, 302-304, 307, 308, 311, 312, 315-317, 320, 322-324, 326, 336, 337, 339, 340, 346-351, 354, 356-361, 364, 366, 368, 370, 372, 377, 378, 380, 381, 383-385, 390, 391-395, 398, 400, 412, 416-418, 420, 422, 433, 437, 440, 444, 445, 446, 449, 456, 459, 461-463, 466, 468, 470, 472, 473, 481, 484, 487, 488, 496, 507, 508, 518, 522, 523, 539, 540, 542, 547, 548, 550-552, 555, 559, 560, 561, 564, 565, 573, 574, 581, 583, 587, 591, 596, 598-600, 607, 609, 610, 614, 615, 620, 623, 626, 631, 647, 650, 651, 656, 658, 660, 662, 664, 666.

98 Hurtado Quero, *Ágreda (IV)*, nº 4, 6, 7, 13, 17, 18, 19, 22, 29, 36, 42, 43, 48, 62, 63, 65, 76, 77.

99 *Ibidem*, nº 115, 119, 121, 128, 129, 136, 139, 142, 152, 161, 162, 172, 173, 182, 188, 191, 194, 196, 204, 208, 210-212, 220, 222, 228, 231, 237, 243, 250, 253, 256, 258, 259, 261, 264-266, 274, 275, 277, 278, 280, 286, 288, 290, 293, 294, 297, 299, 304, 305, 313-315, 324, 338-341, 346, 351-360, 396, 404, 405, 416, 420, 421, 428, 431.

100 Rubio Semper y García Zapata, *Ágreda (III)*, nº 20, 21, 25, 88, 89, 93, 105.

101 *Ibidem*, nº 115, 117, 135, 149, 170, 177, 178, 190, 200, 204, 207, 208, 210, 211, 214, 219, 220, 223, 225, 227, 231, 232, 234.

En algunas ocasiones fue completado con otras fórmulas, como la cláusula de promesa[102], la pena material del doblo[103] y la fórmula de *rato manente pacto*[104]. El texto es cerrado con los testigos, en número de tres o cuatro, menos habitual cinco, y la data crónica. Rara vez acompañó al asiento de la venta información adicional.

Mientras tanto, los registros de Ágreda muestran unos asientos más abreviados y redactados en forma objetiva, que se inician con la intitulación completa y el verbo dispositivo, también antecedido por el acceso a la disposición. Nuevamente, los libros agredeños difieren respecto al castrillero en que, a continuación, se expresó el objeto de la disposición, la dirección completa y, posteriormente, el deslinde de la propiedad, cuando era necesario. La disposición se cierra con el precio de la venta, una adaptación de la fórmula de aceptación del pago y un aparato clausular, donde la única fórmula recurrente fue la cláusula de saneamiento, que aparece en casi la totalidad de los asientos de compraventa analizados; utilizándose de manera circunstancial otras cláusulas, como la de obligación[105], la pena material del precio doblado[106], la de juramento[107], algunas renunciativas[108] o la corroboración[109]. Las semejanzas entre los registros de ambas localidades vuelven a encontrarse en el apartado final, con la presentación de los testigos en el acto, siendo frecuente la aparición de dos o tres personas, cuatro o cinco de forma episódica, y la data crónica, aunque esta última en ocasiones desapareció por encontrarse al principio del folio o se incorporó al inicio de un asiento.

En 39 de los 526 asientos referidos a compraventas se incorporaron las cifras que debían pagarse al escribano público. Desconocemos si los precios al final de algunos asientos son referidos a los aranceles que debían pagar las partes por la expedición de la escritura pública, o si el pago era únicamente por la pieza de pergamino o por redacción de la nota[110]. Mientras en Castrillo-Tejeriego los dos

---

102 Reglero de la Fuente y Herrero Jiménez, *Castrillo-Tejeriego*, n° 28, 99.

103 *Ibidem*, n° 130.

104 *Ibidem*, n° 99, 130.

105 Rubio Semper, *Ágreda* (I), n° 168, 425; Rubio Semper y García Zapata, *Ágreda (III)*, n° 200, 207, 210, 214; Hurtado Quero, *Ágreda (IV)*, n° 136, 142, 188, 416.

106 Rubio Semper, *Ágreda* (I), n° 259; *Ágreda (II)*, n° 247, 248; Hurtado Quero, *Ágreda (IV)*, n° 142.

107 Rubio Semper y García Zapata, *Ágreda (III)*, n° 231.

108 Hurtado Quero, *Ágreda (IV)*, n° 136, 396.

109 Rubio Semper y García Zapata, *Ágreda (III)*, n° 200, 210, 214; Hurtado Quero, *Ágreda (IV)*, n° 62.

110 En Sevilla, el ordenamiento de Sancho IV determinó que en las ventas hay que incluir en el precio del arancel el valor del pergamino y la escrituración de la nota. María Luisa Pardo Rodríguez, "Aranceles de escribanos públicos de Sevilla," *Historia. Instituciones. Documentos*, núm. 25 (1998): 529. Véase Bono Huerta, *Derecho Notarial español (I.2)*, 340-44.

ejemplares incluyeron la misma cifra –seis novenes–[111], en Ágreda los precios de estos aranceles fueron muy dispares, siendo los más frecuentes un maravedí[112], tres maravedís[113], cinco dineros[114], ocho dineros[115] y quince dineros[116].

Castrilllo-Tejeriego	Ágreda
Intitulación completa	Intitulación completa
[otorgo e conozco que] vendo	[otorga e conosçe que] vende
Dirección completa	Objeto
Objeto + deslinde	Dirección completa
Precio + f. de aceptación del pago	Precio + f. de aceptación del pago
Cl. saneamiento	Deslinde
Cl. obligación de personas y bienes	Cl. saneamiento
Testigos: tres o cuatro testigos	Testigos: dos o tres testigos
Data crónica	Data crónica

Imagen 3. La forma de las compraventas en los registros de Castrillo-Tejeriego y Ágreda.

---

111 Reglero de la Fuente y Herrero Jiménez, *Castrillo-Tejeriego*, n° 96, 152.

112 Hurtado Quero, *Ágreda (IV)*, n° 19, 115, 119, 129, 172, 278, 297, 420; Rubio Semper, *Ágreda* (I), n° 63.

113 Hurtado Quero, *Ágreda (IV)*, n° 18; Rubio Semper, *Ágreda* (I), n° 89.

114 Hurtado Quero, *Ágreda (IV)*, n° 17, 139, 173, 196, 256, 259, 290, 293, 304, 421; Rubio Semper, *Ágreda* (I), n° 3; Rubio Semper y García Zapata, *Ágreda (III)*, n° 204.

115 Hurtado Quero, *Ágreda (IV)*, n° 7, 305; Rubio Semper y García Zapata, *Ágreda (III)*, n° 225.

116 *Ibidem*, n° 43, 220, 299.

5. LA INVOCACIÓN MONOGRAMÁTICA Y LA INVOCACIÓN VERBAL

Tradicionalmente, la documentación alto y pleno medieval se redactaba bajo la protección divina para ofrecer una mayor garantía del contenido, denominado invocación figurada o monogramática, bajo la forma de crismón, o invocación verbal, que apareció hacia los siglos IX y X[117]. Sin embargo, a partir del notariado romanista el empleo de estas fórmulas protocolarias cayó en desuso.

Mientras la invocación figurada no estaba recogida en los formularios de la legislación, la verbal sí aparece inicialmente en el modelo del Espéculo, bajo la forma romanceada *En el nombre de Dios*[118]; aunque en el formulario de la Tercera Partida se eliminó, lo que provocó su desaparición paulatina de las ventas hasta su extinción definitiva[119].

5.1. LA INVOCACIÓN MONOGRAMÁTICA O SIMBÓLICA

La invocación figurada, formada frecuentemente por el monograma constantiniano, continuó iniciando los negocios de algunas ventas durante las primeras décadas del notariado, aunque con una menor proyección de la que tuvo en la Alta y Plena Edad Media[120]. Entre 1250 y 1260 la invocación simbólica se utilizó en casi un 13% de los documentos analizados, si bien su empleo continuó en retroceso, y para la década siguiente se redujo por debajo del 10%. A partir de la década de 1280, coincidiendo con la difusión de las Partidas, desapareció de las compraventas.

---

117 Manuel Zabalza Duque, "La invocación verbal 'In Dei nomine' en la documentación hasta el siglo XI. Consideraciones epistemológicas y doctrinales", en *Deus Semper maior. Teología en el horizonte de su verdad: Miscelánea homenaje al profesor Santiago del Cura Elena*, coord. por Gonzalo Tejerina Arias, Jesús Yusta Sainz y Santiago del Cura Elena (Salamanca: Secretariado Trinitario, 2021), 638-40.

118 Esp. IV, Tít. XII, Ley XXXV.

119 P. III, Tít. XVIII, Ley LVI.

120 Susana Cabezas Fontanilla, "De la 'invocatio' en los documentos altomedievales (718-910)", en *VIII Jornadas científicas sobre documentación de la Hispania altomedieval (siglos VI-X)* (Madrid: Universidad Complutense de Madrid, 2009), 46.

Este fenómeno puede apreciarse en la ciudad de León, donde las ventas que se han examinado se iniciaban con una invocación simbólica durante la década de 1250, pero que en los años sesenta del siglo XIII comenzó a omitirse en algunos documentos[121]. En la siguiente década ya aparece en menos de la mitad de los casos y, a partir de 1280, ninguna de las ventas analizadas hizo uso de la invocación simbólica.

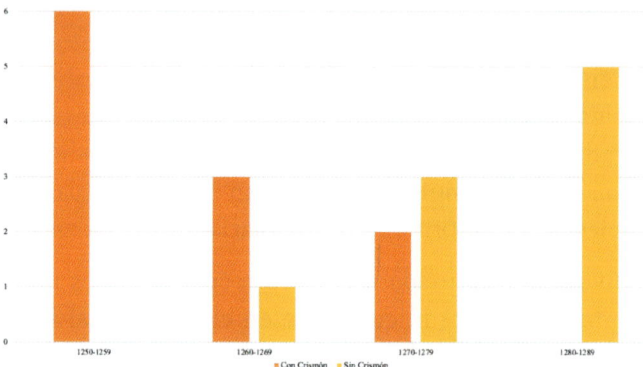

Gráfico 7. Desaparición de la invocación monogramática en León.

5.2. La invocación verbal

Mientras la invocación monogramática desapareció rápidamente de las compraventas, la invocación verbal se empleó con mayor asiduidad y durante más tiempo[122]. Desde la Alta Edad Media la invocación verbal fue representada de forma habitual bajo la forma latina *In Dei nomine*[123]. Esta estructura fue dando paso a otra variante de la invocación cristológica, mediante la forma *In nomine Domini*. Sin embargo, el asentamiento definitivo del romance de la mano del proyecto alfonsí provocó su traducción a la forma *En el nombre de Dios*[124].

---

121 Las ventas de León que se han analizado en este trabajo proceden de José Manuel Ruiz Asencio y José Antonio Martín Fuertes, *Colección documental del Archivo de la Catedral de León. Vol. VIII (1230-1269)* (León: Centro de Estudios e Investigación "San Isidoro", 1993), n° 2183-2185, 2187, 2193, 2199; *Colección documental del Archivo de la Catedral de León. Vol. IX (1269-1300)* (León: Centro de Estudios e Investigación "San Isidoro", 1994), n° 2303, 2308, 2329, 2367, 2388, 2401, 2420, 2439, 2468, 2514, 2538, 2546, 2561, 2567, 2606.

122 Rodríguez Fueyo, "Notariado público en Oviedo (I)", 238.

123 Zabalza Duque, "La invocación verbal", 641-46.

124 Es probable que el Espéculo adoptara este modelo de invocación verbal por ser el más frecuente en esos momentos. Esp. IV, Tít. XII, Ley XXXV. Esta invocación se cerró con frecuencia con la apreción bajo la expresión *amén.* Cárcel Ortí, *VID*, 66.

A pesar de su adaptación lingüística, la invocación verbal fue un elemento del discurso diplomático que fue perdiendo peso en las ventas. Entre 1250 y 1270 un 78% y un 52% de las compraventas analizadas, respectivamente, aún se iniciaron con una invocación verbal, pero en los años setenta del siglo XIII su representación se redujo hasta apenas un 45%[125]. A partir de 1280, el decrecimiento marca una tendencia constante, aunque aún pervivió en algunos puntos del norte de la Corona[126], marcados por la tradición documental y la persistencia de las antiguas fórmulas que conservaron su condición de *sollemnitates*[127], o en lugares donde quedó fosilizada, como Ávila o Segovia[128].

Otro fenómeno que se puede observar es la estandarización de las formas de la invocación verbal, regularizándose la forma recogida en el Espéculo. Durante los primeros años del notariado público aún fue frecuente el empleo de expresiones tradicionales, como la forma *Sub Christi nomine*, muy utilizada en Lugo y, episódicamente, en Orense, acompañada frecuentemente del crismón[129], pero que a partir de los años ochenta del siglo XIII cayeron en desuso en favor de *In Dei nomine*[130]. Junto a la invocación verbal también se había desarrollado la adprecación o aprecación, de origen romano, que adquirió un carácter sacro bajo la forma *amén* en la Edad Media y que se convirtió en un elemento encargado de cerrar la invocación verbal durante el siglo XIII[131].

En el noroeste peninsular las fórmulas tradicionales sobrevivieron durante la segunda mitad del siglo XIII, aunque con una participación cada vez menor en las ventas. Zonas como la comarca de Orcellón, al norte de la ciudad de Orense, mantuvieron el protagonismo de la invocación verbal en las primeras etapas del notariado romanista, pero desde 1280 su empleo fue decreciendo hasta su desaparición hacia 1300[132].

---

125 Estas cifras ya suponen un descenso en el uso de las invocaciones con respecto a lo sucedido en la Alta y Plena Edad Media, cuando su uso era superior al 90%. Leticia Agúndez San Miguel, "Memoria y cultura en la documentación del monasterio de Sahagún: la respuesta a las fórmulas 'inútiles' (904-1230)," *Anuario de Estudios Medievales* 40, núm. 2 (2010): 858.

126 En Asturias el empleo de la invocación verbal se redujo considerablemente a partir de la década de 1330, sobre todo en poblaciones de cierta entidad como Grado u Oviedo. Calleja-Puerta y Felpeto Cueva, "Los documentos de compraventa en Asturias", 558-59.

127 Bono Huerta, "La práctica notarial", 483-85.

128 Rojas Vaca, "Los inicios del notariado público", 365-66.

129 Vaquero Díaz y Pérez Rodríguez, *Catedral de Orense (II)*, nº 615.

130 Rey Caíña, "Ferreira de Pallares", nº 125.

131 Cárcel Ortí, *VID*, 66.

132 Los documentos de Orcellón han sido obtenidos de Romaní Martínez, *Santa María de Oseira (I)*, nº 673, 674, 720, 763, 772, 773; *Santa María de Oseira (II)*, nº 777, 782, 856, 863, 870, 872, 882, 883, 899, 921, 929, 938, 949, 961, 990, 991, 1001, 1009, 1010, 1016, 1038, 1049, 1061, 1065-1069, 1071, 1072, 1077, 1086, 1091, 1094, 1096, 1098, 1099, 1111, 1123, 1134, 1142, 1160, 1169, 1191, 1194, 1197, 1214, 1223, 1234, 1245, 1246, 1249, 1250, 1253-1256, 1259, 1262, 1269, 1274.

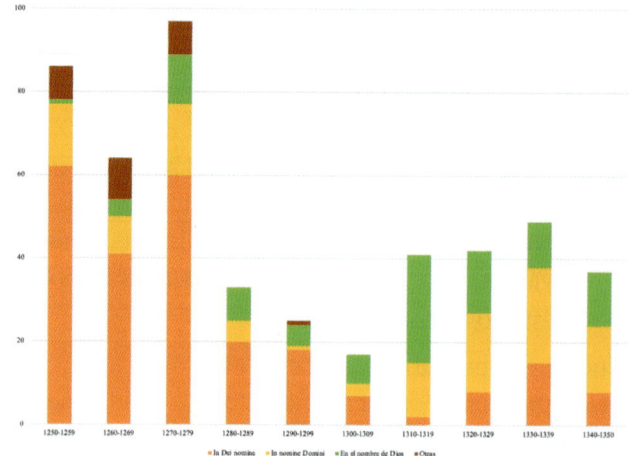

Gráfico 8. Modalidades de la invocación verbal en las compraventas.

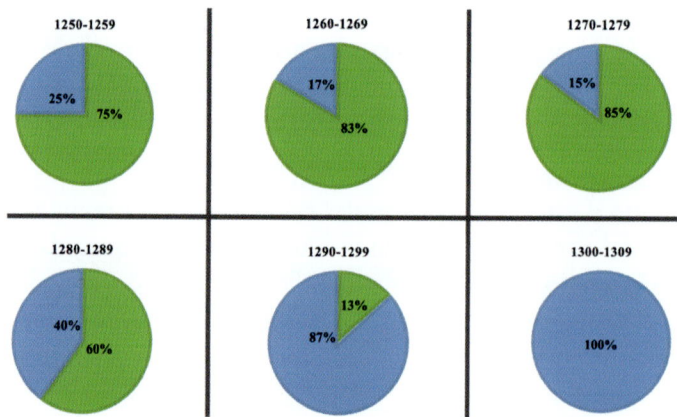

Imagen 4. La invocación verbal en las compraventas de la comarca de Orcellón (1250-1310). Colores: azul (sin invocación verbal) y verde (con invocación verbal).

Por otro lado, según se avanza hacia el sur la invocación verbal en las ventas hubo de desaparecer con mayor celeridad. En Salamanca apenas se incluyó en los documentos estudiados a partir de 1270[133]. Mientras tanto, en Sevilla se puede constatar su empleo en ocho ventas, seis de las cuales datan de la década de 1250 y aún estaban escritas en latín[134]. Solo se volvió a utilizar la invocación verbal en dos ocasiones, en 1272, en las que se incluyó por primera vez la aprecación, y en un caso se utilizó la lengua romance[135].

---

133 Guadalupe Beraza *et al.*, *Catedral de Salamanca (I)*, nº 292, 322, 323, 468.

134 Ostos Salcedo y Pardo Rodríguez, *Notarios de Sevilla en el siglo XIII*, nº 2, 3, 6, 10, 11, 14.

135 *Ibidem*, nº 53, 55.

6. LA NOTIFICACIÓN. EL PASO DE LA NOTIFICACIÓN PRENOTARIAL A LA ALFONSINA

La notificación utilizada en la documentación notarial fue evolucionando junto a la propia institución durante la segunda mitad del siglo XIII[136]. La forma latina *Notum sit omnibus* –en su versión más sencilla– fue dando paso a la expresión intermedia *Conocida cosa sea a todos los hombres que esta carta vieren*. Sin embargo, la normativa alfonsí abogó por la forma *Sepan quantos esta carta vieren* que, finalmente, fue la que tuvo mayor difusión.

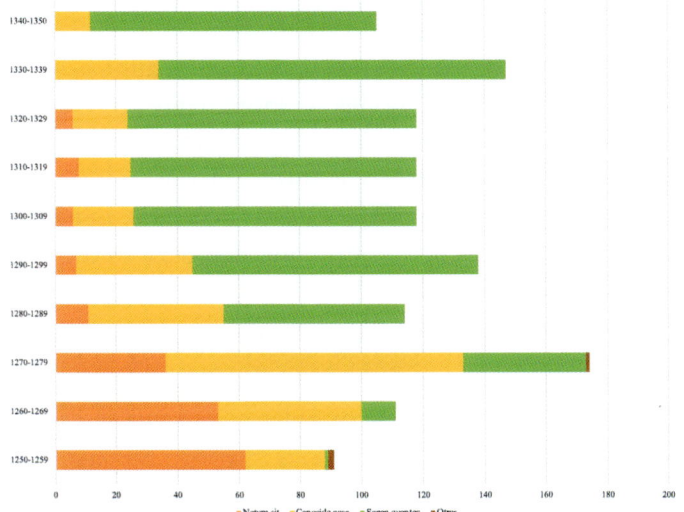

Gráfico 9. Evolución de la notificación en las compraventas.

El modelo latino *Notum sit omnibus* fue la forma predominante en los años cincuenta del siglo XIII, aunque ya comienza a apreciarse el uso de la expresión *Conocida cosa sea*. El asentamiento de la fórmula romance hubo de tener una conexión directa con lo que sucedía en la cancillería real castellana, pues ni el

---

136 Rojas Vaca, "Los inicios del notariado público", 366-67.

Espéculo ni la Tercera Partida lo utilizaron, lo que hace pensar que la oficina real pudo funcionar como difusora de algunas novedades formularias en la institución notarial[137]. Así, el paso de la fórmula *Notum sit omnibus* a *Conocida cosa sea* en Burgos podría estar influenciado por la recepción del Fuero Real en 1255 o, por otro lado, a la repetición de los modelos de la cancillería real castellana. En febrero de 1255, Alfonso X confirmó a la catedral burgalesa una serie de documentos utilizando el inicio notificativo *Connosçuda cosa sea a todos los omnes que esta carta uieren*[138]. En septiembre de ese mismo año, los autores materiales de la ciudad ya estaban utilizando la forma *Connosçuda cosa sea a todos quantos esta carta uieren e oyeren*, muy similar a la que utilizó en 1258 Lucas González, primer escribano público registrado[139]. En menor número se puede detectar el uso de *Sepan quantos* –solo en una ocasión–, y escasos ejemplos de la fórmula latina *Noverint universi*[140].

Entre 1260 y 1280 la notificación latina fue poco a poco decayendo en favor de las expresiones romances. En su lugar, el modelo *Conocida cosa sea* se fue asentando, sobre todo en los años setenta del siglo XIII, cuando se localiza en más de la mitad de las ventas. La expresión *Sepan quantos* tuvo cada vez mayor protagonismo, pero su uso siguió siendo minoritario. El cambio se produjo a inicios de la década de 1280, coincidiendo con la difusión de las Partidas. La forma *Sepan quantos esta carta vieren*, regulada en la legislación alfonsí, comenzó a ganar protagonismo y se convirtió en el modelo predominante en las ventas analizadas, quizás por la imposición del formulario de la Tercera Partida en grandes poblaciones de la Corona[141]. Mientras tanto, la fórmula latina *Notum sit omnibus* cayó definitivamente en desuso, y el modelo *Conocida cosa sea*, que conservó su importancia hasta el cambio de siglo, terminó por decaer, y su uso quedó reducido a algunos lugares del noroeste peninsular.

A pesar de la consolidación definitiva de la fórmula *Sepan quantos*, su proceso de asentamiento y adaptación fue disímil en Castilla, y existieron variaciones a la hora de su aplicación. En el norte peninsular parece que se produjo un menor

---

137 Guerrero Congregado, "El documento notarial en Córdoba", 251-58; Antonio José López Gutiérrez, *La cancillería de Alfonso X el Sabio a través de las fuentes legales y la realidad documental* (Oviedo: Ediciones de la Universidad de Oviedo, 1990), 467.

138 También lo hizo en marzo desde la vecina Castrojeriz. Francisco Javier Pereda Llarena, *Documentación de la catedral de Burgos. Vol. III (1254-1293)* (Burgos: J.M. Garrido Garrido, 1984), nº 16-20.

139 Lizoain Garrido, *Huelgas de Burgos (1231-1262)*, nº 503.

140 Mientras en Castilla no fue una fórmula habitual en la segunda mitad del siglo XIII, en las oficinas episcopales portuguesas fue muy utilizada hasta los años finales de la centuria. Maria João Oliveira Silva, "Reconstructing formularies. The charters of the episcopal chancery of Porto in the Middle Ages", en *Les formulaires. Compilation et circulation des modèles d'actes dans l'Europe médiévale et moderne*, edit. por Olivier Guyotjeannin, Laurent Morelle y Silio P. Scalfati (Praga: Karolium, 2018), 285.

141 Rojas Vaca, "Los inicios del notariado público", 367.

impacto de las Partidas, lo que pudo provocar una difusión más tardía de algunos modelos y una pervivencia de formas tradicionales mucho más prolongada, fosilizándose durante parte del siglo XIV[142]. En la ciudad episcopal de Orense se observa que hasta el cambio de siglo las notificaciones latinas fueron las formas dominantes, sobre todo el modelo *Notum sit omnibus*[143]. La introducción de los modelos romanceados no se produjo hasta los años setenta del siglo XIII, cuando se localizan los primeros usos de la forma *Conocida cosa sea* a través de la notaría de Pedro Eanes, uno de los primeros escribanos públicos de la ciudad en redactar las cartas en romance, y de notarios que se titularon como nombrados por el rey, que pudieron favorecer la introducción de las nuevas ideas formularias[144].

El cambio definitivo pudo producirse en la primera década del siglo XIV, durante la privación del señorío temporal de la ciudad a la Iglesia orensana y su incorporación al dominio realengo. Como nuevo señor de Orense, el rey se convirtió en el encargado del nombramiento de escribanos públicos, y ello pudo favorecer la introducción de nuevos formularios que se venían utilizando en otras ciudades del reino desde, al menos, finales del siglo XIII[145]. Así, a partir de la década de 1310, y aunque el señorío le fue devuelto al prelado, el modelo *Sepan quantos* se estableció como el predominante[146].

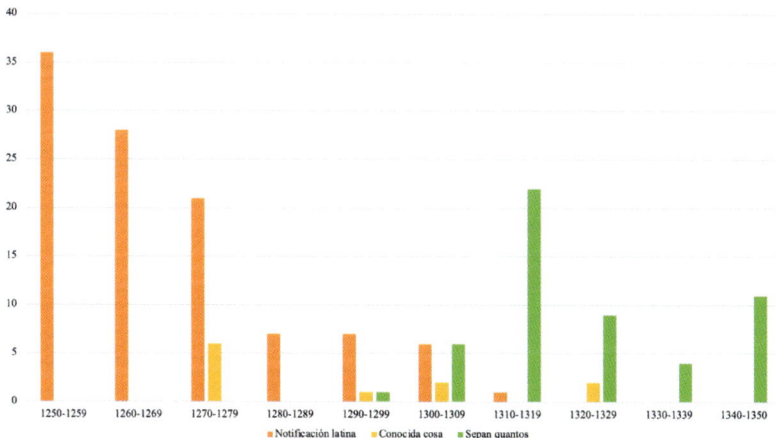

Gráfico 10. Evolución de la notificación en Orense.

142 Calleja-Puerta y Felpeto Cueva, "Los documentos de compraventa en Asturias", 560-61.

143 Vaquero Díaz y Pérez Rodríguez, *Catedral de Orense (II)*, n° 376.

144 Romaní Martínez, *Santa María de Oseira (II)*, n° 1109, 1128; Vaquero Díaz y Pérez Rodríguez, *Catedral de Orense (II)*, n° 591, 597, 598, 607.

145 Miguel Ángel Fernández Casal, "Los conflictos de la sede episcopal de Ourense en la Edad Media (ss. XII-XIII)", *Minius: Revista do Departamento de Historia, Arte e Xeografía*, núm. 11 (2003): 112-16.

146 Enjo Babío, *Catedral de Ourense (s. XIV)*, n° 1118.

Mientras tanto, las poblaciones extremaduranas no tuvieron una tradición documental tan asentada como la existente en las tierras al norte del Duero, por lo que la asimilación de los formularios establecidos en la legislación alfonsí pudo ser más eficaz. El modelo de notificación general más utilizado en Sevilla durante la década de 1250 fue *Conocida cosa sea*, que nuevamente pudo estar influenciado por la cancillería castellana a través de los privilegios entregados a la ciudad[147]. Sin embargo, la situación comenzó a cambiar en el decenio siguiente, cuando la forma *Sepan quantos* empezó a desarrollarse en las notarías de Ramón Pérez y Ramón Gil[148]. Ya en la década de 1270 su uso era mayoritario, quizás asociado a la importancia de la ciudad hispalense en la redacción y difusión de la Tercera Partida, y la antigua notificación romance terminó por desaparecer hacia 1280[149].

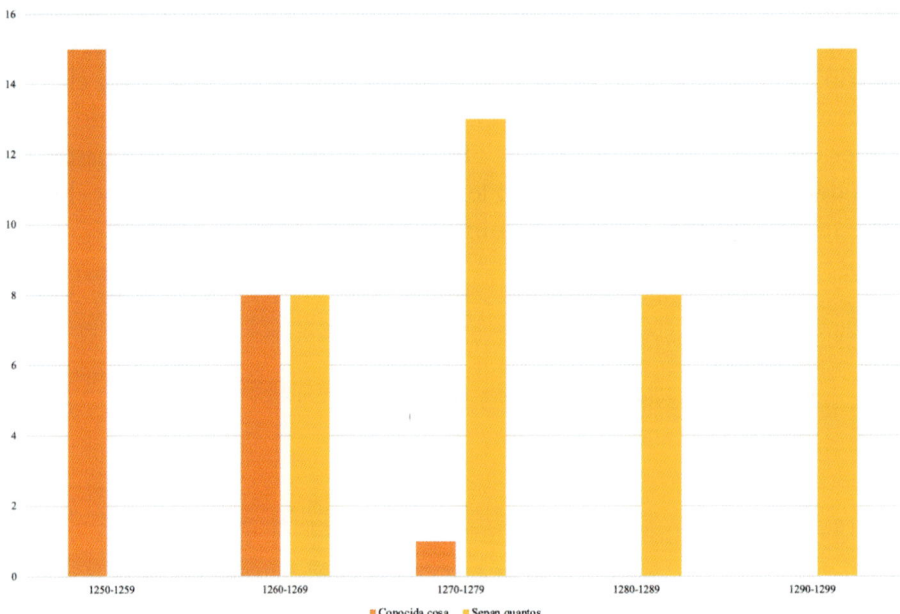

Gráfico 11. Evolución de la notificación en Sevilla.

---

147 Ostos Salcedo y Pardo Rodríguez, *Notarios de Sevilla en el siglo XIII*, n° 11.

148 *Ibidem*, n° 24, 25.

149 Raúl Orellana Calderón, "En torno a la datación y lugar de redacción de la Tercera Partida de Alfonso X El Sabio", en *Lenguas, reinos y dialectos en la Edad Media ibérica. La construcción de la identidad: homenaje a Juan Ramón Laderes*, coord. por Javier Elvira González (Madrid: Iberoamericana Vervuert, 2008), 367-88, en Ostos Salcedo, "La compraventa de Sevilla", 67, nota 7.

7. LAS CLÁUSULAS ANEXAS

Las cláusulas son el elemento encargado de cerrar el documento con el fin de garantizar su cumplimiento y eliminar cualquier impedimento que pudiese anular el negocio escrito o generase dificultades en su aplicación[150]. El aparato clausular conoció un proceso de enriquecimiento desde el siglo XIII, al tiempo que comenzó un periodo de desaparición de cláusulas eminentemente tradicionales[151]. La norma alfonsí trató de establecer una estructura clausular estandarizada a cada tipo documental para poder garantizar su validez, y, en el ámbito de las compraventas, el Espéculo ya introdujo el uso de la cláusula de saneamiento[152]. Con la difusión del formulario de la Tercera Partida, el esquema clausular se complejizó, añadiendo a la mencionada de saneamiento y evicción la cláusula de promesa y cumplimiento, una de sanción penal material, la obligación general, y la renuncia general de leyes; además de la fórmula de *rato manente pacto*[153]. Sin embargo, los escribanos públicos no adaptaron de forma inmediata ni fidedigna lo establecido por la Corona, e incorporaron otras fórmulas al aparato clausular.

En este trabajo se ha procedido a una selección de las cláusulas anexas más comunes dentro de las compraventas examinadas. En primer lugar, se analizará la cláusula de saneamiento, pues fue la primera que se incorporó a la normativa de Alfonso X, seguida del estudio de la cláusula de obligación. A continuación, se procederá al examen de las sanciones penales que, aunque se encuentran antes de la cláusula de obligación en el formulario de la venta de la Tercera Partida, su carácter tradicional y su composición junto a otras penas que no fueron recogidas en la normativa, como la pena espiritual, ha hecho que sean reubicadas en tercer lugar. En el siguiente subgrupo se estudiarán las cláusulas renunciativas a través de la renuncia general de leyes y de las renuncias específicas más frecuentes en las ventas que no formaron parte del formulario alfonsí; a saber, las renuncias a la *non numerata pecunia*, la ley de la recepción del dinero, las leyes de prueba y paga, y la ley del engaño. Finalmente, se ha decidido analizar la cláusula de corroboración

---

150 Cárcel Ortí, *VID*, 58.

151 Rojas Vaca, "Los inicios del notariado público", 375.

152 Esp. IV, Tít. XII, Ley XXXV.

153 P. III, Tít. XVIII, Ley LVI.

que, aunque no fue recogida en la normativa, fue utilizada con cierta asiduidad en las ventas.

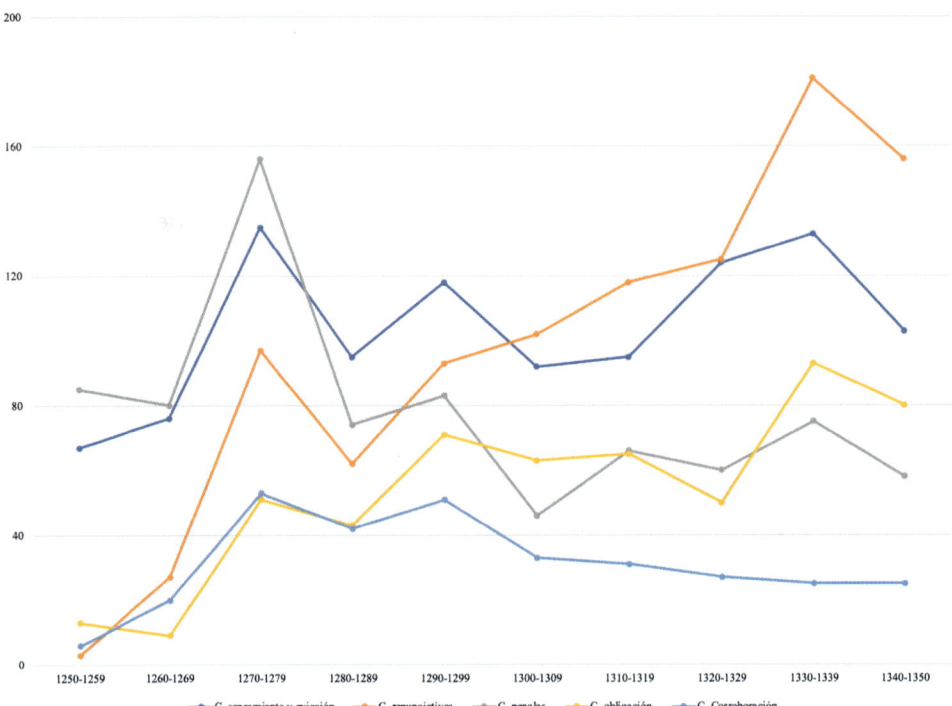

Gráfico 12. Cláusulas anexas más comunes en las compraventas.

7.1. La cláusula de saneamiento y evicción

La única cláusula que coincidió en las dos obras alfonsíes fue la de saneamiento y evicción[154], que tenía como fin la protección del bien adquirido del comprador por parte del vendedor, cuya garantía se reforzaba a través de la imposición de penas, la devolución del precio de la compra o la obligación de responder con los bienes del vendedor o de su fiador[155]. Las primeras manifestaciones de este modelo se detectan durante los años finales del siglo XII y la primera mitad del XIII en lugares del centro peninsular como Burgos, aunque aún lo hicieron de forma

---

154 En el Derecho Romano, la evicción es la transmisión de la posesión del bien y la garantía de que el vendedor se abstendría de la actuación dolosa contra la propiedad. Javier Belda Mercado, "La obligación de garantía por evicción del comprador en el Derecho Romano clásico," *Anuario da Facultade de Dereito da Universidade de Coruña*, núm. 8 (2004): 119-20.

155 Guerrero Congregado, "El documento notarial en Córdoba", 267-69.

episódica[156]. Sin embargo, es a partir del reinado de Alfonso X cuando esta cláusula se expandió por el reino, si bien su estructura presentó ciertas variaciones.

En el norte peninsular se ha podido observar el uso de una cláusula de saneamiento que pudo estar influenciada por la tradición documental previa, aunque se pueden apreciar ligeras similitudes con el modelo recogido en la Tercera Partida. En Santiago de Compostela se ha detectado su uso bajo la forma de la defensión y el amparo, acompañada inicialmente de una obligación de personas y bienes muy arcaica, germen de la futura cláusula de obligación que se desarrolló en el territorio gallego[157]. Esta estructura de la cláusula de saneamiento fue bastante estable, y en las sedes episcopales parece que tardó en desaparecer. En Santiago se identifica con anterioridad a la sentencia de Alfonso X de 1261, y se mantuvo una vez se introdujo la lengua romance en la documentación notarial santiaguesa a fines de siglo XIII.

Mientras estos particularismos formularios pervivieron en la zona gallega, en la Meseta se observa el asentamiento paulatino de los modelos alfonsíes. En algunos casos, como en León, se puede apreciar el uso de una forma de la cláusula de saneamiento muy similar a la dispuesta en el Espéculo. Así, el modelo leonés solía iniciarse con una cláusula de obligación, seguido de la expresión de *sanar*, muy similar a la recogida en la obra alfonsí. Esta estructura parece que estuvo en funcionamiento desde antes del notariado en la ciudad[158], y se mantuvo al menos durante todo el siglo XIII, lo que reflejaría un conocimiento temprano de la reglamentación de Alfonso X –*segundo quel derecho manda*–[159]. En una ocasión se ha podido localizar el uso del término *guarir*, que en Oviedo estaba relacionado con el individuo –*guaridor*– a quien se instituía para asegurar la venta y el traspaso efectivo de la propiedad. Esta fórmula, en ocasiones, se utilizó como equivalente de la cláusula de saneamiento[160].

Formularios similares se han podido observar en las ciudades extremaduranas de Ávila y Segovia, donde existen semejanzas con la cláusula de saneamiento establecida en la legislación alfonsí[161]. La principal novedad estriba en el refuerzo

---

156 *Ibidem*; Rojas Vaca, "Los inicios del notariado público", 383-84.

157 En Orense la estructura *per mín e per todos meus bees, gaanados e por gaanar* fue mutando en la forma más reconocible *obligo todos meus bees gaanados e por gaanar*, en este caso precediendo a la cláusula. Bono Huerta determinó que la cláusula de saneamiento, bajo el término *promissio deffensionis*, era protegida por una obligación de bienes presentes y futuros, por lo que es probable que esta estructura fuese una forma tradicional. Bono Huerta, *Introducción a la Diplomática notarial*, 54-58.

158 Ruiz Asencio y Martín Fuertes *Catedral de León (VIII)*, nº 2021.

159 Ruiz Asencio y Martín Fuertes, *Catedral de León (IX)*, nº 2514.

160 Rodríguez Fueyo, "Notariado público en Oviedo (I)", 252-53.

161 La documentación abulense procede de Ángel Barrios García, *Documentación medieval de la Catedral de Ávila*

y acompañamiento de una cláusula penal, del doble del valor de la venta y/o de los costes derivados del juicio que provocase la evicción, o el pago de una cantidad fija por días pasados que, en ocasiones, se desarrollaron densamente[162]. Esta estructura parece mantenerse según se avanza hacia el sur, pero con la incorporación de algunas variantes provocadas por las influencias externas a la legislación. Es el caso de Sevilla, donde todo hace pensar que los formularios normativos alfonsíes debieron tener una pronta asimilación en el notariado hispalense[163]. El uso del saneamiento en las ventas sevillanas viene de antiguo, pues es la única cláusula existente en los primeros documentos de la ciudad[164]. Inicialmente, la cláusula de saneamiento comenzaba con una advertencia a quien fuese contra el negocio, para luego imponer la garantía del saneamiento bajo la expresión, tradicional en Sevilla y Córdoba, de *ser fiador de redrar*[165]. Esta modalidad fue perdiendo importancia durante la segunda mitad del siglo XIII en favor de aquella que se estableció definitivamente en la ciudad, que se inicia con la expresión de la *riedra* y que a partir del cambio de siglo se asentó como el modelo predominante. En función del bien vendido y de los actores en el negocio, también se incluyó una pena por el incumplimiento del saneamiento.

Más allá de expresiones de la cláusula de saneamiento de corte tradicional o aquellas donde se observa la asimilación de los modelos normativos, existieron determinados lugares que, por su tradición documental previa, desarrollaron formas híbridas de la cláusula que combinaron lo dispuesto en la ley con los modelos locales, aunque fueron evolucionando hasta las estructuras recogidas en el Espéculo o la Tercera Partida. En Toledo, que ya cuenta *per se* con una institución notarial muy concreta[166], se evidencia un modelo de saneamiento que en la documentación se presenta como *a fuero de Toledo en las compras e en las uendidas con mariadarac*[167]. El marjadraque era la garantía hipotecada de tomar o devolver

(Salamanca: Ediciones de la Universidad de Salamanca, 1981), nº 90, 97, 104, 123, 125, 130-132, 139, 151, 161, 166, 174; López Pita, *Casa de Velada (I)*, nº 139, 147, 148.

162 Rojas Vaca, "Los inicios del notariado público", 384.

163 Ostos Salcedo, "La compraventa de Sevilla", 67.

164 *Ibidem*, 76.

165 La *riedra* funcionó como una garantía de la evicción a través de la cual el vendedor responde con su persona y bienes. Esta fórmula pudo difundirse por las ciudades andaluzas a partir de los fueros de Cuenca y Toledo. Guerrero Congregado, "El documento notarial en Córdoba", 267-69.

166 Para saber más del notariado toledano véase Quijano Martínez, "La implantación del notariado público en Castilla (I)", 221-35.

167 Las ventas de Toledo proceden de ACT, *Capitular*, A.2.D.1.2, A.2.D.1.6, A.2.D.1.16, A.3.A.1.22h, A.3.C.1.3, A.4.M.1.7, A.4.Z.1.1, A.5.B.1.6, A.10.G.1.12a, A.10.G.3.1, A.10.G.3.4, A.10.O.2.1, A.11.G.1.5, A.11.L.1.7, E.7.I.1.11, E.7.K.2.10, E.7.L.1.1b, E.8.B.1.7, E.8.C.1.2, E.8.E.1.8, E.8.E.1.30, E.8.K.1.4, E.9.C.1.12, E.9.C.2.16, E.9.E.1.2, E.10.B.1.1, E.11.A.1.4, E.11.A.1.11, E.11.A.2.4, E.12.B.1.17, E.12.C.1.4, E.12.D.1.6, I.3.I.1.1-I.3.I.1.4, I.3.I.1.8, I.3.I.1.9, I.4.A.1.10, I.4.A.1.12, O.1.B.1.1, O.1.E.1.7, O.2.D.1.10, O.4.F.1.31, O.5.D.1.3, O.7.C.1.10-0.7.C.1.12, O.10.A.1.8-O.10.A.1.10, O.10.A.1.25, O.10.A.1.49, O.10.A.1.60, O.10.A.2.17, O.10.B.1.21, V.4.A.1.6,

el precio al comprador en el caso de rescindirse el contrato por evicción o por otra causa legítima, y se cree que pudo quedar recogido en el Fuero de Toledo[168]. Aunque esta forma de la cláusula de saneamiento se prolongó hasta los años finales del siglo XIV, la difusión de los formularios de la Tercera Partida a fines de siglo provocó su decrecimiento, introduciéndose paulatinamente una cláusula de saneamiento más parecida a la propuesta en la legislación alfonsí[169]. La nueva modalidad de la cláusula de saneamiento estuvo acompañada, en la mayoría de los ejemplos, por una obligación inicial o final.

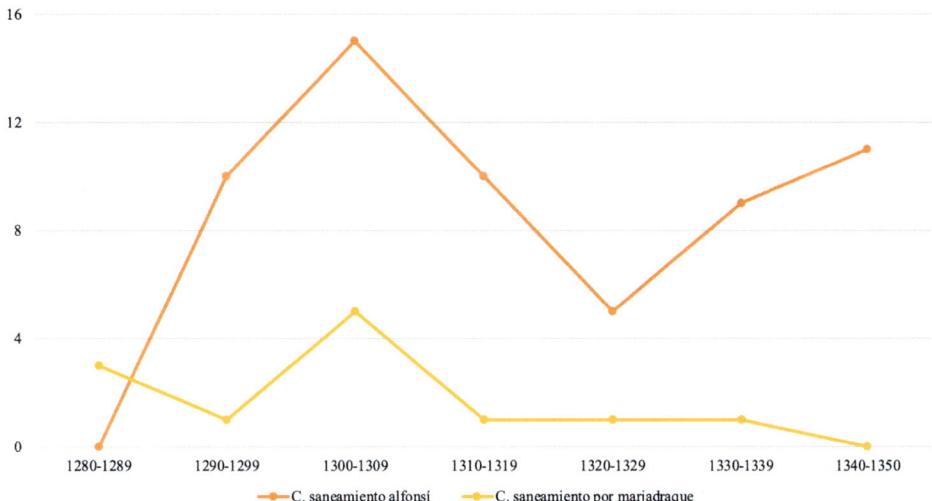

Gráfico 13. La cláusula de saneamiento por marjadraque a Fuero de Toledo y la introducción de la cláusula de saneamiento alfonsí.

Un fenómeno similar se puede observar en Cuenca, donde también fue habitual su acción según el fuero de la ciudad. Sin embargo, la cláusula de saneamiento *a Fuero de Cuenca* no declinó en favor del formulario alfonsí, sino que se adaptó la normativa al modelo establecido en la ciudad, ya que el fuero conquense pudo recoger algunas disposiciones relativas a la evicción y al saneamiento. Durante los primeros años del notariado en la ciudad la fórmula de saneamiento respondía

---

V.4.A.1.9, V.4.A.1.10, V.8.B.1.9, V.9.H.1.6, X.3.A.3.5, X.3.A.4.4, X.3.A.4.9, X.3.A.6.1, X.3.A.6.6, X.11.A.1.3, Z.5.C.1.2, Z.6.A.1.6, Z.7.C.1.1a, Z.7.C.1.2, Z.7.C.1.5, Z.7.C.1.6, Z.9.I.1.3, Z.9.I.1.6, Z.10.B.1.1, Z.10.B.3.19, Z.11.B.3.28; AHNob, *Baena*, Car. 344, n° 34; *Cedillo*, Car. 1, n° 2.

168 Fidel de Fita Colomé, "Marjadraque* según el Fuero de Toledo," *Boletín de la Real Academia de la Historia*, núm. 7 (1885): 362–63. Sin embargo, la formulación de la cláusula de saneamiento y evicción en Toledo, al menos hasta el siglo XIII, no tuvo una estructura fija. Ángel González Palencia, *Los mozárabes de Toledo en los siglos XII y XIII. Vol. I. Estudio e Índices* (Madrid: Instituto Valencia de Don Juan, 1930), 251.

169 María Luz Alonso Martín, "La compraventa en los documentos toledanos de los siglos XII–XV," *Anuario de Historia del Derecho español*, núm. 49 (1979): 464–66.

a un modelo semejante al propuesto en la Tercera Partida. Sin embargo, desde la década de 1270 y hasta, al menos, 1350 esta cláusula decayó en favor de la expresión *somos fiadores de sanamiento a Fuero de Cuenca, e de fazer sanas (...) e de redrar a todo omne que las demandare (…), con los cuerpos e con quanto auemos e auremos cab adelante*[170].

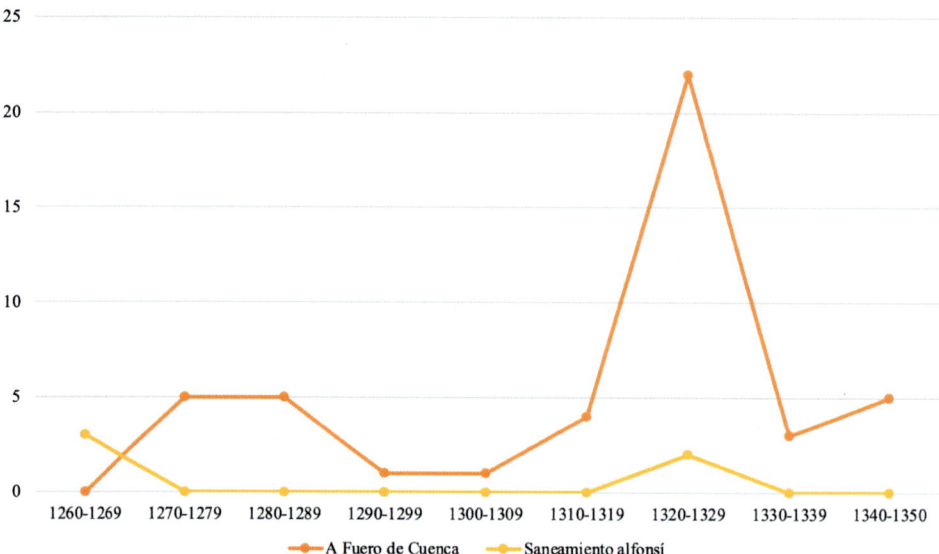

Gráfico 14. La cláusula de saneamiento a Fuero de Cuenca y el desuso del modelo alfonsí.

Cláusula de saneamiento	
Esp. IV, Tít. XII, Ley XXXV	*E según y dezir como aquel que vende aquela cosa la fará sana a aquel que la compra.*
P. III, Tít. XVIII, Ley LVI	*Le prometió e le otorgó que de la propiedad (…) nunca él, nin sus herederos, nin otri por ellos, le mouerán pleyto nin contienda, nin le farían ningund embargo, en juyzio nin fuera de juyzio, ante ge la ampararían e ge la desembargarían a sus propias costas e missiones, en juyzio e fuera dél, contra quien quier que ge la quisiesse embargar.*
Santiago de Compostela	*Et deuemos uos et uosa uoz anparar et deffender con la dita herdade et cousas que uos uendemus, per nos et per nosos bees*[171].
León	*Yo, sobredicho vendedor, soy tenudo, per mí e per todas mías buenas, de uos sanar esta mía vendeçión de todo demandante a todo tiempo*[172].

---

170 ACCu, c. 8, n° 19. La expresión *somos fiadores con los cuerpos e con los aueres, con quanto oy en día auemos et auremos cab adelante* debió funcionar como refuerzo del propio saneamiento.

171 Justo Martín y Lucas Álvarez, *Universidade de Santiago de Compostela*, n° 149.

172 Ruiz Asencio y Martín Fuertes, *Catedral de León* (IX), n° 2538.

	Cláusula de saneamiento
Ávila	*Quien quier que demandare o contrallere (...) que yo o qui mi buena heredare redremos e sanemos, assí como el fuero manda, e, si non redraremos e sanaremos, que vos peche-mos (...) doblados e todavía que redremos e sanemos[173].*
Segovia	*So uendedor e fiador de uos fazer sano (...) de todo omme que uos lo demandase o uos lo contrallase en qual manera quiere; et si redrar e sanar non quisiese o non pudiese así commo sobredicho es, que uos peche (...) doblados et todauia yo o qui mi buena ouiere de heredar que uos lo faga sano (...) segund que lo yo otorgo por esta carta[174].*
Toledo	*Et esta vendida vos fago al fuero de Toledo con mariadaraque que lo ayades obligado sobre todos mis bienes, muebles e raýzes, spirituales e temporales, auidos e por auer[175].* *De redrar a quien quier que quiera embargar o contrallar esta vendida dicha o alguna cosa della a uos, el dicho comprador, o al que fuere tenedor della por vos, riedra buena e sana, en manera que la ayades en saluo e sin embargo ninguno para siempre[176].*
Cuenca	*So fiador de sanamiento a fuero de Cuenca, con el cuerpo e con el auer, e con quanto oy en día he et auré cab adelante, de uos fazer sana (...) e de uos redrar sin costa e sin danno de quien quier que uos la demande o uos la enbargue toda o parte della[177].*
Sevilla	*So fiador de redrar de quien quier que uos demande o contralle (...) e de tal manera riedre e uos las faga todas sanas como uos (...) finquedes con toda esta conpra sobredi-cha en paz para siempre jamás, en todas maneras e sin contralla ninguna[178].*

Tabla 1. Comparativa entre modelos de la cláusula de saneamiento.

7.2. LA CLÁUSULA DE OBLIGACIÓN

La cláusula de obligación es el vínculo del derecho por el que uno se obligaba a sí mismo, a sus bienes y/o, eventualmente, a los de sus herederos a la ejecución del acto[179]. Su objetivo era la protección del negocio a través del compromiso de las partes, incluyéndose frecuentemente para su refuerzo a sus herederos para que mantuvieran el cumplimiento, y/o a sus bienes[180]. El modelo más frecuente de esta cláusula estuvo relacionado con obligaciones generales de personas y bienes. Sin embargo, existió una modalidad que buscaba reforzar el cumplimiento de la

---

173 Barrios García, *Catedral de Ávila*, n° 97.

174 Lizoain Garrido, *Huelgas de Burgos (1263-1283)*, n° 586.

175 ACT, *Capitular*, E.11.A.1.4.

176 ACT, Capitular, A.2.A.1.2.

177 ACCu, c. 15, n° 20.

178 Ostos Salcedo y Pardo Rodríguez, *Notarios de Sevilla en el siglo XIII*, n° 108.

179 Carcel Ortí, *VID*, 60.

180 García Valle, "Las fórmulas jurídicas medievales", 622.

venta a partir de la obligación específica sobre determinados bienes, muebles o raíces, sin afectar a la totalidad de las propiedades del vendedor, de la que se ha localizado algún ejemplar[181].

La cláusula de obligación general estaba medianamente extendida por el territorio años antes de la difusión de las Partidas, aunque estas ayudaron a su normalización. Los primeros testimonios datan de la década de 1250 en el territorio gallego, generalmente en latín. Si bien se ha podido detectar su uso de forma aislada, fueron muy frecuentes reforzando la cláusula de saneamiento[182]. Durante los años sesenta del siglo XIII comenzó a extenderse por suelo leonés, y las primeras evidencias continuaron estando asociadas al saneamiento. En estos primeros decenios de la institución notarial, se conocen dos variedades del formulario utilizado: el uso de un modelo en el que se utiliza el verbo *obligar* para introducir la cláusula, y otro, más frecuente, que usó la expresión *ser tenudo por nos e por todos nuestros bienes*, junto a la cláusula de saneamiento, y que hubo de quedar localizado en el territorio astur-galaico, sobre todo a partir de la transición lingüística del latín al romance[183].

En la década de 1270 su difusión llegó a tierras extremaduranas como Salamanca o Segovia, y siguió muy relacionado con la cláusula de saneamiento, donde sirvió como refuerzo a su acción[184]. No obstante, el verdadero cambio se produjo a partir de 1280 con la difusión de la Tercera Partida, cuando la cláusula de obligación hubo de introducirse en los formularios notariales de gran parte de las ciudades de Castilla. En este periodo se localizan las primeras evidencias de su empleo en poblaciones como Santo Domingo de la Calzada o Sevilla[185]. A partir de entonces, el formulario de la cláusula de obligación general de personas y bienes pudo quedar establecido, y parece que se convirtió en una de las cláusulas anexas que menor variación tuvo.

Cláusula de obligación	
P. III, Tít. XVIII, Ley LVI	*Obligó el vendedor a sí mismo e a sus herederos, e a todos sus bienes, quantos auía entonce e auría dende adelante, al comprador e a sus herederos.*
Lugo	*Et obligo por min et por todos meus bees, mobelles et reys[186].*

181 Portela Silva, *Catedral de Lugo (I)*, n° 499.

182 Romaní Martínez, *Santa María de Oseira (II)*, n° 782.

183 Ruiz Asencio y Martín Fuertes, *Catedral de León (VIII)*, n° 2221.

184 Guadalupe Beraza *et al., Catedral de Salamanca (I)*, n° 358; López Pita, *Casa de Velada (I)*, n° 65.

185 López de Silanes y Sáinz Ripa, *Archivo Catedral*, n° 52; Ostos Salcedo y Pardo Rodríguez, *Notarios de Sevilla en el siglo XIII*, n° 79.

186 Portela Silva, *Catedral de Lugo (I)*, n° 239.

Cláusula de obligación	
Santo Domingo de la Calzada	*Nos obligamos con todos nuestros bienes, muebles e raýzes, ganados e por ganar quantos nos oy dia hemos e abremos cabe adelante*[187].
Salamanca	*Me obligo, por mí e por todos míos bienes, quantos oy día he e auré daquí adelantre, así muebre commo raýz*[188].
Madrid	*E para todo esto tener e complir, obligo todos mis bienes, muebles e raýzes, por doquier que los aya*[189].
Toledo	*Et obligamos nos con todos nuestros bienes, muebles e raýzes, los que oy día auemos e abremos cab adelante*[190].
Murcia	*Obligo a uos e a los uuestros por mi nonbre propio mi e todos mis bienes, muebles e raýzes, auidos e por auer en todo lugar*[191].
Sevilla	*Et por lo conplir, obligamos a nos e a nuestros herederos e a todos nuestros bienes, quantos oy día auemos e auremos daquí adelante*[192].
Niebla	*Et por lo conplir, obligo a todos mis bienes, muebles e raíces, los que oy día he e auré daquí adelante*[193].

Tabla 2. Comparativa entre modelos de la cláusula de obligación.

7.3. Las cláusulas penales

Las cláusulas penales son uno de los elementos del discurso diplomático más frecuentes en la documentación medieval hispánica, pues tenían la función de amenazar al infractor del negocio a través de penas y castigos espirituales, pecuniarios o corporales[194].

A pesar de que las cláusulas condenatorias continuaron siendo muy utilizadas una vez se implantó la institución notarial a mediados del siglo XIII, los modelos establecidos por Alfonso X desembocaron en un proceso de adaptación de sus fórmulas[195]. Aunque el Espéculo no presentó una posible pena por la infracción

---

187 López de Silanes y Sáinz Ripa, *Archivo Municipal*, n° 23.

188 Guadalupe Beraza *et al.*, *Catedral de Salamanca (I)*, n° 363.

189 Carrasco Lazareno, "Santo Domingo el Real (II)", n° 64.

190 ACT, *Capitular*, O.7.C.1.10.

191 García Díaz, *Catedral de Murcia*, n° 20.

192 Ostos Salcedo y Pardo Rodríguez, *Notarios de Sevilla en el siglo XIII*, n° 88.

193 Anasagasti Valderrama y Rodríguez Liáñez, *Niebla y su tierra (I)*, n° 104.

194 García Valle, "Las fórmulas jurídicas medievales", 622. Las cláusulas penales corporales, si bien se han registrado en otras circunstancias y épocas, no se han localizado en el conjunto documental con el que se ha trabajado.

195 Elena Albarrán Fernández, "La evolución de las cláusulas penales en la praxis notarial asturiana de los siglos XIII y XIV: inercias y cambios", en *Escritura, notariado y espacio urbano en la Corona de Castilla y Portugal (siglos XII-*

del negocio en su esquema de la compraventa, en el formulario de las Partidas se incluyó una pena del pago del doble del precio establecido que permitiera garantizar su cumplimiento[196]. Ambas cuestiones, su frecuencia en la documentación privada y su regulación, explican que sean una de las cláusulas más comunes en las ventas de este periodo.

7.3.1. La cláusula de sanción penal espiritual

Las cláusulas que presentan una multa espiritual, según Martín López, son una interesante fuente de estudio debido a las connotaciones moralistas que tuvieron y a su marcado carácter religioso, adaptando pasajes o acontecimientos de la Biblia que afectasen moralmente al infractor. Sin embargo, la aparición, primero de escribas, luego de notarios públicos, todos ellos de presumible condición laica, pudo afectar a su pervivencia ante el distanciamiento paulatino de supuestos religiosos en la documentación[197].

A partir de 1250 el uso de la cláusula penal espiritual se mantuvo mayoritariamente en el área norte peninsular. En Orense su uso se localiza en más del 70% de las compraventas entre 1250 y 1350, mientras que en Burgos fue habitual durante la segunda mitad del siglo XIII, aunque su empleo decayó a partir del cambio de siglo. Contrario a ello, al sur del río Duero no se ha localizado el empleo de la sanción espiritual. Los escribanos públicos de Ávila, Segovia, Salamanca y Sevilla no incluyeron una pena espiritual en las ventas desde mediados del siglo XIII, lo que habla del asentamiento de otros formularios con menor peso de la tradición.

Existió cierta variabilidad en el modelo de la sanción espiritual según el territorio. La única parte común a esta formulación fue la inclusión, en primer lugar, de una advertencia a los infractores de lo que podía ocurrir si corrompían el negocio escriturado, pero la infracción espiritual y su dirección estuvieron determinadas por las influencias regionales. En Orense la pena espiritual se asoció a la ira divina, a la que posteriormente acompañó la imposición de la maldición al infractor que hacía el otorgante[198]. En cambio, en León el modelo más repetido en las compraventas fue la pena de maldición, de excomunión y de daño en el infierno junto a Judas[199]. En Burgos la cláusula de sanción espiritual también

XVII), ed. por Miguel Calleja-Puerta y María Luisa Domínguez Guerrero (Gijón: Trea, 2018), 103.

196 P. III, Tít. XVIII, Ley LVI.

197 María Encarnación Martín López, "Las cláusulas penales espirituales en la documentación leonesa del siglo XII: por un estudio de la 'sanctio'," *Estudios humanísticos. Geografía, Historia y Arte*, núm. 12 (1990): 111-14.

198 Enjo Babío, *Catedral de Orense (s. XIV)*, n° 937, 1095; Vaquero Díaz y Pérez Rodríguez, *Catedral de Orense (II)*, n° 389, 448.

199 Ruiz Asencio y Martín Fuertes, *Catedral de León (VIII)*, n° 2183.

tuvo un estilo propio, prefiriendo el uso de la ira divina y, episódicamente, la ira mariana y la de los Santos[200].

7.3.2. La cláusula de sanción penal material: modelos y tipos

Mientras la pena espiritual tuvo un marcado carácter localista, el uso de la cláusula de sanción material fue muy habitual en las compraventas, no exento de variaciones territoriales. Existieron lugares que mantuvieron unos formularios donde se utilizaron penas materiales con un fuerte componente tradicional, beneficiando la pervivencia de la pena espiritual. Es el caso de la villa nueva de Pontedeume (Coruña), fundada por Alfonso X en 1270, donde se utilizó un modelo de pena material bastante invariable durante el siglo XIII. La pena se iniciaba con el aviso al infractor y una pena espiritual de maldición durante siete generaciones que encabezaban el apartado sancionador. A continuación, presenta una doble multa material, dividida en el pago del daño doblado al comprador y un pago variable al rey y al afectado, con cantidades desde los 24 sueldos a los 1.600 maravedís[201].

En otras poblaciones se desarrollaron paulatinamente los modelos alfonsíes, y las penas de corte tradicional fueron dando paso a las difundidas en la Tercera Partida. Así ocurrió en algunas zonas del norte de la Meseta como Burgos, donde su modelo tradicional de pena material, similar al de Pontedeume, estaba compuesto por el daño doblado o mejorado y un pago, no fijo, al monarca. Esta sanción fue sustituida por el pago al rey del doble del precio del negocio, con mayores similitudes a lo dispuesto en la legislación, aunque circunstancialmente fue modificada por una multa pecuniaria fijada en el contrato, incluso cuando se trataba de cantidades ciertamente elevadas. A raíz de la desaparición de la sanción espiritual de las compraventas burgalesas, la pena material comenzó a desarrollarse y se transformó en un incumplimiento de la cláusula de saneamiento, adquiriendo la forma del doble del precio de la venta.

Más allá del Duero, los modelos de pena material adquirieron en fechas muy tempranas las formas preestablecidas en la Tercera Partida, lo que habla de una rápida asimilación de sus formularios y de una cierta influencia de la Corona en estos territorios. Así, en Salamanca existió inicialmente una cláusula penal formada por una cantidad fija que se entregaba a las autoridades, generalmente al rey,

---

200 Lizoain Garrido, *Huelgas de Burgos (1263-1283)*, n° 563.

201 Es difícil establecer si estas penas eran realmente válidas o estaban alteradas para representar una mayor responsabilidad para el infractor. Felipe Mateu y Llopis, "Las cláusulas penales pecuniarias de los 'Documentos para la historia de las instituciones de León y Castilla (siglos X-XIII)'," *Anuario de Historia del Derecho español*, núm. 23 (1953): 580.

en ocasiones a los alcaldes[202], y, por otra, del daño doblado para el comprador. Este modelo fue desapareciendo en favor de la pena propuesta en la Tercera Partida, determinada por el pago al comprador del doble del precio establecido en el negocio, aunque en ocasiones se desarrolló una pena, protectora de la cláusula de saneamiento, para *los daños et costas et menoscabos que sobresta rasón fesierdes o resebierdes*[203].

Según se avanza hacia el sur, parece que las cláusulas de sanción material abandonaron los modelos tradicionales del noroeste peninsular y comenzaron a fijarse como incumplimiento de la cláusula de saneamiento, sobre todo a partir de 1279, lo que evidencia una estrecha relación con las disposiciones establecidas en la Tercera Partida. El modelo de pena material en Sevilla, cuando se ha podido evidenciar su uso, era una multa del precio duplicado de la venta que el vendedor de la propiedad debía abonar en caso de no acudir en protección del comprador, tal como establecía la cláusula de saneamiento. En ocasiones, para dejar constancia de cuál era la cantidad que se debía doblar, se repetía la cifra del acuerdo, sobre todo en transacciones de gran calado[204].

Cláusula penal material	
P. III, Tít. XVIII, Ley LVI	*So la pena del doblo del precio sobredicho, la qual pena tantas vegadas pueda demandar e auer el comprador quantas vezes el vendedor e otri por él fiziesse contra alguna destas cosas susodichas.*
Pontedeume	*E quanto coonar a uos ou a uossa uoz, tanto dobre; e a uoz do sinor rey e a uossa de per meo peyte LXXX soldos dusal moeda*[205].
Burgos	*E peche en coto al rey de la tierra seysçientos maravedís, e esta uenta e esta compra sea doblada e meiorada a la dicha sennora infanta o a qui su boz touyere en otro tal semeiable logar*[206].
Salamanca	*Que uos peche estos morauedís que yo recebí de uos doblados*[207].
Sevilla	*Que uos peche todos los maravedís sobredichos doblados por pena, con todos los meioramientos que y fueren fechos*[208].

Tabla 3. Comparativa entre modelos de la cláusula penal material.

202 *Peche in coto al rey C morauedís e L a los alcaldes. Ibidem,* n° 323. Bono Huerta definió esta pena como como cláusula de *cautum* judicial. Bono Huerta, *Introducción a la Diplomática notarial,* 54.

203 Guadalupe Beraza *et al., Catedral de Salamanca (I),* n° 463.

204 AHNob, *Fernán Núñez,* Car. 430, n° 10.

205 López Sangil, "Santa María de Monfero", n° 444.

206 Castro Garrido, *Huelgas de Burgos (1307-1321),* n° 354.

207 Guadalupe Beraza *et al., Catedral de Salamanca* (I), n° 355.

208 Ostos Salcedo y Pardo Rodríguez, *Notarios de Sevilla en el siglo XIII,* n° 115.

7.4. LAS CLÁUSULAS RENUNCIATIVAS

La renuncia a leyes, general o específica, fue la declaración por la que se rehusaba acudir a determinados derechos amparados por la ley[209]. Este modelo clausular tuvo gran éxito y fue muy utilizado a partir de la introducción del *ius commune*, y, aunque en la legislación alfonsí solo se estipuló el uso de la renuncia general, conoció un gran desarrollo y complejidad en la documentación notarial y, en concreto, en las compraventas[210].

7.4.1. La cláusula de renuncia general

La renuncia general de leyes fue una fórmula muy frecuente en los documentos notariales, pues protegía el negocio de cualquier atadura jurídica existente[211]. Esta cláusula estuvo contemplada dentro del formulario de la compraventa de la Tercera Partida, y su estructura solía estar formada por el verbo *renunciar* o, en ocasiones, *quitar*, seguido de la expresión en la que se exponían todos los *corpora* jurídicos a los que se renunciaba. Dependiendo de la época y el territorio, se incluían privilegios reales, fueros locales, derecho eclesiástico, cartas señoriales, etc., adquiriendo en ocasiones una redacción muy compleja[212].

Las primeras evidencias del uso de la cláusula de renuncia general de leyes datan de la década de 1260, aunque no fue una fórmula imprescindible en las ventas anteriores a 1350 –se localiza en 132 ocasiones–. Frecuentemente, a la renuncia general le acompañaron distintas cláusulas de renuncia específicas que debieron servir como un refuerzo extra a las garantías del negocio escriturado.

La renuncia general de leyes no fue una cláusula mayoritaria en las ventas registradas entre 1250 y 1350, por lo que su uso hubo de estar condicionado por la tradición documental previa. Ello parece explicar que en las ciudades gallegas apenas se detecte su empleo, a pesar del elevado número de compraventas que se conservan, pues en Santiago de Compostela se utilizó en una ocasión[213], en Orense en cuatro ventas[214] y en Lugo, la más prolífica, en diez[215].

---

209 José Manuel Pérez-Prendes Muñoz-Arraco, "'General renunciación non vala'. Sobre doctrina y práctica en tiempo del 'ius commune'," *Glossae: European Journal of Legal History*, núms. 5-6 (1993-1994): 76.

210 P. III, Tít. XVIII, Ley LVI.

211 Pérez-Prendes Muñoz-Arraco, "'General renunciación non vala'", 95.

212 AMunCa, c. 2, Exp. 4.

213 Justo Martín y Lucas Álvarez, *Universidade de Santiago de Compostela*, n° 33.

214 Vaquero Díaz y Pérez Rodríguez, *Catedral de Orense (II)*, n° 494, 507, 563, 591.

215 Portela Silva, *Catedral de Lugo (I)*, n° 235, 300-304, 306, 309, 311, 368.

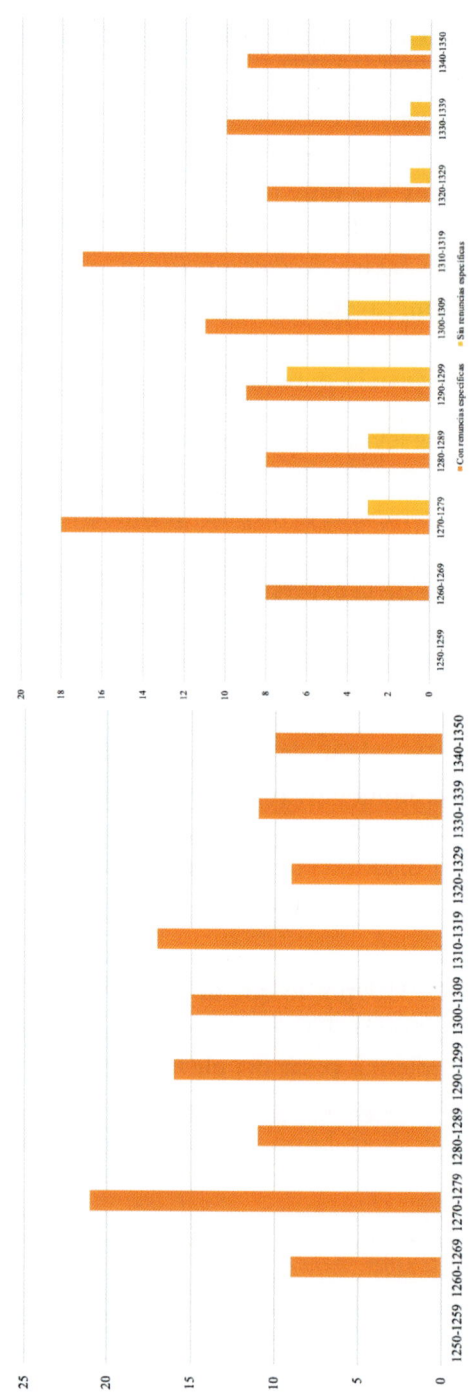

Gráfico 15. El uso de la cláusula de renuncia general de leyes en las compraventas.

Esta situación se contrapone con lo que hubo de ocurrir en la Meseta, donde parece que la renuncia general fue utilizada asiduamente. En León se ha localizado su uso en quince ocasiones, un 62,5% de las ventas analizadas. Sin embargo, parece que, cuando se incluyó la renuncia general, esta lo hizo junto a la renuncia a la *pecunia non numerata*. En Castilla, la ciudad de Burgos parece constatar el empleo de la renuncia general de leyes de forma recurrente, identificándose en veinticinco ventas, casi un 73%. En este caso, la renuncia general estuvo frecuentemente acompañada por la renuncia específica a las leyes de prueba y paga del negocio, a la par que se incidió en que dichas leyes fueron recogidas por Alfonso X, que también se presentan como *leyes del fuero*[216].

El empleo habitual de la renuncia general de leyes parece mantenerse en la Extremadura leonesa, si bien los testimonios conservados son más escasos que para otros espacios. En la antigua capital episcopal de Coria (Cáceres) la renuncia general de leyes se ha localizado en cinco de las seis compraventas identificadas[217]. Su estructura difiere ligeramente de los modelos burgalés y leonés, puesto que pudo aparecer con mayor frecuencia de forma aislada en el documento, sin la compañía de renuncias específicas. Esta aparición tan contrastada de la renuncia general de leyes parece que también se sostuvo en el extremo oriental del reino, pues así lo constata la ciudad de Murcia, quizás influenciado por los escribanos públicos que procedían de los reinos vecinos, donde se han localizado seis ventas que utilizaron esta fórmula, un 75% del total. En el modelo murciano la renuncia general se inició habitualmente con una renuncia a la ley del engaño.

Sin embargo, parece que en el sur peninsular no tuvo un desarrollo tan constante. En Sevilla la renuncia general de leyes fue un elemento excepcional en las ventas antes de 1300, aunque parece normalizarse durante la primera mitad del siglo XIV[218]. En Niebla parece ocurrir una situación similar, puesto que se han detectado cinco documentos que incluyeron una cláusula de renuncia general. Llama la atención la presencia desde 1330 de la renuncia específica a la ley que prohibía la renuncia general[219], una fórmula que también se desarrolló en fechas similares en Sevilla[220], pero que tuvo una aparición más tardía en otros puntos del reino[221].

---

216 Lizoain Garrido, *Huelgas de Burgos (1263-1283)*, nº 565.

217 La documentación cauriense procede de José Luis Martín Martín, *Documentación medieval de la Iglesia Catedral de Coria* (Salamanca: Ediciones de la Universidad de Salamanca, 1989), nº 76, 77, 82, 96, 97, 99.

218 Ostos Salcedo y Pardo Rodríguez, *Notarios de Sevilla en el siglo XIII*, 113-14; *Notarios de Sevilla en el siglo XIV*, 57.

219 *Renunçiamos la otra ley del derecho en que dize que gerenal renunçiación non vala*. Vilaplana Montes, *Santa Clara de Moguer*, nº 21.

220 Ostos Salcedo y Pardo Rodríguez, *Notarios de Sevilla en el siglo XIV*, nº 178.

221 En el señorío episcopal ovetense, la renuncia a la ley de renuncia general no se localiza hasta el siglo XV. Antuña

Cláusula de renuncia general de leyes	
P. III, Tít. XVIII, Ley LVI	*E renunció e quitose de todo derecho e de toda ley e de todo fuero, tan bien eclesiástico como seglar, e de toda costumbre de que él se pudiesse ayudar o amparar contra el comprador o a sus herederos.*
León	*E renunciamos a todo foro e a todo derecho escripto e non escripto e a toda excepción cualquier que sea que a nos puede aiudar e a uos destoruar[222].*
Burgos	*Et renunçiamos estas leyes e a todas las otras leyes, razones, defensions e exçepçiones de derecho e de fuero que contra la dicha paga toda sean o contra parte della, que nos non valan nin seamos oýdos sobrello en iuyzio nin fuera de iuyzio[223].*
Coria	*Renunçio fuero e ferias, et carta et merçet de rey et de reyna, et traslado desta carta et plaso de conseio et de avogado, et de terçer día, et de nueve días, et de treynta días, et brevemente todas quantas bonas rasones et sepçiones por mí pudiesse poner o aver, yo otro por mí ,que a la contra sea desta carta, otorgo que me non vala[224].*
Niebla	*E renunçiamos todas otras leyes de fuero e de derecho de que nos pudiéssemos ayudar o aprouechar contra esta vendida, que aunque nos llamemos a ellas, en qualquier manera, que nos non vala[225].*
Murcia	*Otrossí, renunçio (...) a todo fuero, derecho, ley, razón et costumbre porque los sobredichos o qualquier dellos contra esta vendidas uenir pudiessen[226].*

Tabla 4. Comparativa entre modelos de la cláusula de renuncia general de leyes.

7.4.2. Las cláusulas de renuncia específicas: modelos y tipos

Mientras la cláusula de renuncia general se encargaba de que el otorgante quedase desamparado por voluntad propia del derecho existente, las renuncias específicas garantizaban la validez del negocio a través de la renuncia a leyes concretas con las que el otorgante podía derribar la vigencia de la carta[227].

Desde la primera mitad del siglo XIII, las renuncias a leyes experimentaron un proceso de enriquecimiento, que provocó que las fórmulas tradicionales cayeran en desuso en favor de aquellas procedentes del Derecho romano a través de las influencias extranjeras y de la normativa alfonsí[228]. Ante las múltiples variedades

---

Castro, *Notariado y documentación notarial*, 254.

222 Ruiz Asencio y Martín Fuertes, *Catedral de León (IX)*, nº 2329.

223 Castro Garrido, *Huelgas de Burgos (1307-1321)*, nº 343.

224 Martín Martín, *Catedral de Coria*, nº 76.

225 Vilaplana Montes, *Santa Clara de Moguer*, nº 21.

226 Torres Fontes, *Cehegín*, nº 2.

227 Según Bono Huerta, la renuncia específica está asociada a un recurso legal o medio de defensa a través de *auxilium* o *defensiones*. Para el autor, su utilidad reconoce la vigencia del Derecho romano en la sociedad castellana. Bono Huerta, *Introducción a la Diplomática notarial*, 63-64.

228 Rojas Vaca, "Los inicios del notariado público", 375.

de renuncias a determinadas leyes, se ha hecho una selección y se ha procedido al estudio de las más comunes en las compraventas analizadas, relacionadas, generalmente, con el pago o la recepción del dinero y la correcta transmisión del bien. Así, se han analizado las renuncias a la *non numerata pecunia*, la ley de la recepción del dinero, las leyes de prueba y paga, y la ley del engaño, en los primeros años de la institución muy asociada a la donación de la plusvalía, y que solo se ha encontrado en una ocasión bajo la forma de renuncia al Ordenamiento de Alcalá de Henares de 1348, a partir de entonces elemento común en las ventas.

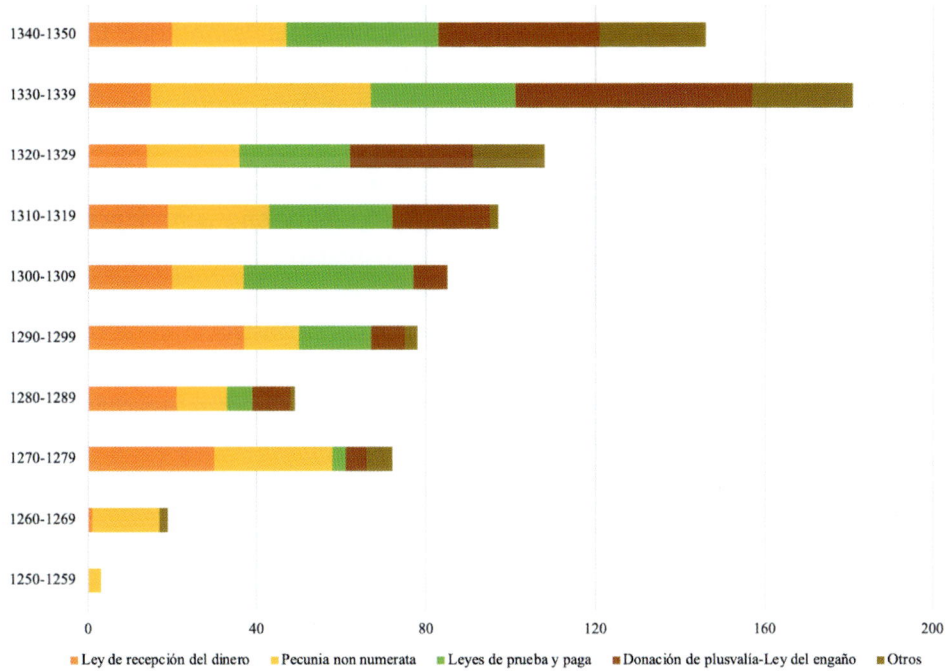

Gráfico 16. Las cláusulas de renuncia específicas más frecuentes en las compraventas.

7.4.2.1. La renuncia a la pecunia non numerata y el aver non avido

De origen romano, la *pecunia non numerata* era un medio de defensa para los deudores que no recibían de sus acreedores el importe negociado[229]. Su llegada a Castilla estuvo favorecida por la irradiación que ofreció la escuela de glosadores boloñesa en su transmisión por el Mediterráneo y que, como la normativa alfonsí demuestra, se aplicó paulatinamente en Castilla[230]. Su conocimiento y su

---

229 Bono Huerta, *Introducción a la Diplomática notarial*, 68-69.

230 Juan Antonio Arias Bonet, "Sobre la 'Querela' y la 'Exceptio non numeratae pecuniae'. Derecho romano y vi-

renuncia ya fueron recogidos en el título de los préstamos de la Quinta Partida[231]. Como formulario, se puede identificar dentro del Título XVIII de la Tercera Partida[232]. Esta cláusula fue una de las renuncias específicas más numerosas en las ventas, y, gracias a su origen, una de las más antiguas, datando las primeras evidencias de los años cincuenta del siglo XIII[233].

El fuerte peso de la tradición del noroeste peninsular afectó generalmente a la introducción de las novedades formularias y permitió la pervivencia de otras cláusulas más tradicionales, como las sanciones espirituales[234]. Sin embargo, el influjo del Derecho romano se puede observar con prontitud, sobre todo en las ciudades episcopales, donde las bibliotecas catedralicias debieron jugar un papel importante en el asentamiento de las innovaciones documentales[235]. En Oviedo fue una de las renuncias específicas más utilizadas en las compraventas[236], y en Santiago de Compostela se ha detectado en más de la mitad de los ejemplares, utilizándose la renuncia a la *non numerata pecunia* en su versión latina hasta la década de 1320. A partir de entonces, la introducción de la lengua romance en los documentos notariales de la ciudad provocó su adaptación a un modelo similar al recogido en el formulario del préstamo. Ello hace pensar que ese formulario pudo servir de ejemplo a los notarios compostelanos para la construcción de la nueva estructura de la renuncia. Por otro lado, parece que en las poblaciones de la Meseta también se asentó con prontitud la renuncia a la *non numerata pecunia*, pues en León hubo de asentarse en la década de 1260, y desde los años setenta del siglo XIII presentó un estilo con ciertas reminiscencias a lo establecido en las Partidas.

A lo largo de la primera mitad del siglo XIV, la renuncia a la *non numerata pecunia* fue abandonando paulatinamente su modelo tradicional para asentarse una nueva versión, conocida como el *aver non avido*. Esta estructura, que tardó más en implementarse en los territorios del norte peninsular, en el sur se incorporó antes de 1350. Así ocurrió en Murcia donde, si bien solo se han localizado seis compraventas que la utilizaron, en ellas se puede observar una evolución en el formulario de la renuncia con respecto a lo sucedido en León o Compostela. Este modelo también se aprecia en otros territorios del sur, como Niebla[237].

cisitudes medievales," *Anuario de Historia del Derecho español*, núm. 53 (1983): 123-26.

231 P. V, Tít. I, Ley IX.

232 P. III, Tít. XVIII, Ley XX.

233 López Sangil, "Santa María de Monfero", n° 369; Ruiz Asencio y Martín Fuertes, *Catedral de León (VIII)*, n° 2185.

234 Bono Huerta, *Derecho notarial español (I.2)*, 32.

235 Miguel Calleja-Puerta, "Antes del notariado alfonsí: los escribanos de Ribadavia en la primera mitad del siglo XIII," *Journal of Medieval Iberian Studies* 14, n° 3 (2022): 431.

236 Rodríguez Fueyo, "Notariado público en Oviedo (I)", 251.

237 Anasagasti Valderrama y Rodríguez Liáñez, *Niebla y su tierra (I)*, n° 104.

Cláusula de renuncia específica a la *non numerata pecunia*	
P. III, Tít. XVIII, Ley XX	*E señaladamente, que él non pueda dezir que estos dineros sobredichos non le fuessen contados e dados.*
Santiago de Compostela	*Et renunciamus omni excepcioni dicte pecunie nobis non numerate et non tradite*[238]. *Et renunço a toda excepçón dos ditos dineiros, que non possa dizer que me non foron dados et contados*[239].
León	*E espeçialmientre, renunçiamos la exepçión de los morauedís sobredichos que non podamos deçir que nos non furon dados e cuntados todos entregamientre*[240].
Murcia	*Onde renunciamos a la excepción del auer non contado e non recebido*[241].

Tabla 5. La renuncia a la *pecunia non numerata* en Castilla y su comparativa con el formulario de la Tercera Partida.

7.4.2.2. La renuncia a la ley de recepción del dinero

La cláusula de renuncia a la ley de recepción del dinero consistía en la renuncia a la norma por la que se podía cancelar un negocio si se justificaba que no se había recibido el pago. Su presencia en la documentación notarial no tuvo tanta repercusión como la renuncia a la *pecunia non numerata*, y su similitud a esta en algunos lugares durante el periodo analizado la han convertido en una cláusula difícil de identificar, aunque las primeras evidencias de su empleo datan de 1268[242]. Su difusión se puede enmarcar en la primera mitad del siglo XIV, cuando se convirtió en una renuncia muy habitual, encargada de cerrar y asegurar la fórmula del precio[243].

Hubo una parte importante de los territorios de la Corona, sobre todo en el norte peninsular, donde la renuncia a la recepción del dinero fue utilizada de forma episódica. En León, Santiago de Compostela y Orense apenas se ha podido identificar en tres, cuatro y nueve ocasiones, respectivamente[244]. Mientras tanto, según se avanza hacia el sur se localiza con mayor asiduidad. En Salamanca fue

---

238 Justo Martín y Lucas Álvarez, *Universidade de Santiago de Compostela*, n° 9.

239 *Ibidem*, n° 21.

240 Ruiz Asencio y Martín Fuertes, *Catedral de León (IX)*, n° 2561.

241 García Díaz, *Catedral de Murcia*, n° 14.

242 Guadalupe Beraza *et al.*, *Catedral de Salamanca (I)*, n° 327.

243 Ostos Salcedo y Pardo Rodríguez, *Notarios de Sevilla en el siglo XIV*, 55.

244 Dono López, "Santa Comba de Naves", n° 78, 95; Enjo Babío, *Catedral de Orense (s. XIV)*, n° 768, 779, 783, 814, 820, 847; Justo Martín y Lucas Álvarez, *Universidade de Santiago de Compostela*, n° 37, 43, 111, 164; Ruiz Asencio y Martín Fuertes, *Catedral de León (IX)*, n° 2388, 2401, 2439; Vaquero Díaz y Pérez Rodríguez, *Catedral de Orense (II)*, n° 677.

una de las cláusulas de renuncia más comunes en la segunda mitad del siglo XIII, y su uso se puede constatar desde 1268, si bien es en la década siguiente cuando se convirtió en una cláusula muy habitual en las ventas analizadas. Sin embargo, la formulación que ha podido observarse de la renuncia a la ley de recepción del dinero en Orense y Salamanca tuvo una redacción muy parecida a la renuncia a la *non numerata pecunia*, por lo que, a pesar de ser utilizada en distintas cantidades, el modelo pudo ser común.

El cambio en la estructura de la cláusula de renuncia a esta ley se aprecia en el extremo sur peninsular. En Sevilla la renuncia a la recepción del dinero no fue muy común durante la segunda mitad del siglo XIII –apenas un 35% de las compraventas examinadas–, pero a partir del cambio de siglo se convirtió en una de las cláusulas más frecuentes en ventas y permutas[245]. Las primeras evidencias de su uso datan de la década de 1270, y su modelo se mantuvo sin grandes variaciones, aunque, en función del documento y de los actores en el negocio, pudo adquirir una mayor extensión.

Cláusula de renuncia a la ley de recepción del dinero	
Orense	*E renunçio assý que nunca posa dizer que o dicto preço de uos non reçebí e que o non ouue en meu jur e en meu poder bem e conpridamente[246].*
Salamanca	*E renunçio a la eçepçión que depués non pueda dezir que estos morauedís sobredichos non resçebí de uos nin pasaron a mío yuro nin a mío poder[247].*
Sevilla	*E renunçio que non pueda dezir que los non reçebí de uos commo dicho es, e si lo dixere, que me non vala[248].*

Tabla 6. La renuncia a la ley de recepción del dinero en Castilla.

7.4.2.3. La renuncia a las leyes de prueba y paga

Otra de las renuncias específicas más frecuentes fueron las conocidas como leyes de prueba y paga. Su función era, por un lado, desestimar las leyes que obligaban a la presencia de testigos y del notario en el pago, y, por otra, renunciar al establecimiento de un plazo de dos años para demostrar que se había realizado el

---

245 Ostos Salcedo y Pardo Rodríguez, *Notarios de Sevilla en el siglo XIV*, 55-56.
246 Enjo Babío, *Catedral de Orense (s. XIV)*, n° 783.
247 Guadalupe Beraza *et al.*, *Catedral de Salamanca (I)*, n° 369.
248 Vilaplana Montes, *Santa Clara de Moguer*, n° 44.

pago por el bien adquirido. La primera de ellas, planteada en la Tercera Partida[249], se ha podido identificar desde la década de 1270, adelantando la fecha propuesta por Bono Huerta, a partir del siglo XIV[250]. Cuando no se renunciaba a la ley de paga, debía quedar explicitado el pago ante testigos y el escribano público[251].

Cláusula de renuncia a las leyes de prueba y paga	
Burgos	*E sobresto renunçiamos a las leyes del fuero, e la vna en que dize que los testigos deuen ver (…) e la otra ley en que dize que el que a de fazer la paga la ha de prouar (…), saluo si aquel que a de rezibir la paga renunçiare aquesta ley*[252].
Toledo	*Renunçio las leyes del derecho en que dize que los testigos deuen veer fazer paga de dineros o de otra cosa que lo vala, e que el que faze la paga la a de prouar fasta dos annos, que me non aproueche destas leyes nin de otra ley ninguna*[253].
Niebla	*Et renunçio la ley del derecho en que diz que fasta dos annos es tenida la parte de prouar la paga, et la otra ley en que diz que los testigos de la carta deuen ver fazer la paga de los maravedíes e de cosa que lo val*[254].
Moguer	*E renunçio las leyes del fuero e del derecho en que mandan que los testigos que vean fazer la paga de la cosa conprada, e que el conprador sea tenido del prouar la paga de la cossa que conpra fasta dos annos*[255].

Tabla 7. La renuncia a las leyes de prueba y paga en Castilla.

La renuncia a estas leyes no conoció una implantación homogénea en la Corona entre 1250 y 1350, y es una fórmula infrecuente en el norte y sur peninsular. En Asturias se localiza esporádicamente durante el siglo XIV[256], mientras que las villas onubenses de Niebla y Moguer destacan por su uso de forma irregular y en fechas muy tardías, más allá de los años treinta del siglo XIV. Mientras tanto, en las zonas meseteñas y extremaduranas de Castilla parece que fue una cláusula a la que se recurrió frecuentemente. En Burgos se ha podido localizar en algo más del 75% de las ventas analizadas. Las primeras manifestaciones de su empleo datan de los años setenta del siglo XIII y, en ellas, la renuncia a las leyes de prueba y paga dejan entrever que fueron ordenadas por Alfonso X a través, quizás, del Fuero

---

249 P. III, Tít. XVIII, Leyes LVI, LXIII, LXIV y LXX.

250 Bono Huerta, *Introducción a la Diplomática notarial*, 69.

251 *Porque los reçebí luego de vos ante el escribano et los testigos desta carta.* Martín Martín, *Catedral de Coria*, n° 97.

252 Castro Garrido, *Huelgas de Burgos (1307-1321)*, n° 357.

253 ACT, *Capitular*, O.5.D.1.3.

254 Anasagasti Valderrama y Rodríguez Liáñez, *Niebla y su tierra (I)*, n° 104.

255 Vilaplana Montes, *Santa Clara de Moguer*, n° 31.

256 Antuña Castro, *Notariado y documentación notarial*, 252; Calleja-Puerta y Felpeto Cueva, "Los documentos de compraventa en Asturias", 566.

Real[257]. En ocasiones, la propia renuncia especificó que podía ser invalidada en caso de que el vendedor fuese quien la renunciase. En el caso de la ciudad de Toledo también fue una fórmula muy frecuente. Las primeras noticias de su uso datan de la década de 1280, si bien es cierto que el vacío documental hasta los años ochenta del siglo XIII hace pensar que se pudo asentar con anterioridad. En su estructura se incluyó una declaración por parte del vendedor de no aprovecharse de estas leyes ni de otras a las que recurrir, que pudo funcionar como una renuncia general de leyes.

7.4.2.4. La renuncia a la ley del engaño y su relación con la donación de la plusvalía

En las compraventas también fue muy común la renuncia a la *ley del engaño*. Esta ley aparece por primera vez en el *Codex* de Justiniano, y significaba que el vendedor podía rescindir la venta si el precio resultaba menor a la mitad del valor del bien vendido. Ello obligaba al comprador a entregar la cantidad restante para mantener la compra en vigor, a través de una fórmula llamada donación de la plusvalía[258]. Esta normativa, que fue anulada en el Fuero Juzgo por considerarse que no se podían impugnar los contratos de venta únicamente por la lesión del precio, se reestableció en la legislación de Alfonso X con el fin de buscar una solución al problema del precio justo[259]. El Fuero Real permitió la rescisión del contrato por parte del vendedor si este había vendido por la mitad de su valor, salvo si el comprador había donado el resto del valor efectivo[260]. Mientras tanto, las Partidas establecieron que, si se pudiera comprobar que la venta se hizo por menos de la mitad del justo precio, el vendedor podría exigir el abono de la diferencia. El comprador, entonces, podría optar entre compensar la cantidad o devolver la propiedad al vendedor y recibir el precio por el que la adquirió. Asimismo, se estableció que, si el comprador podía probar que pagó más de la mitad del justo precio, podría reclamar la rescisión de la venta o la reducción del precio a su valor real[261]

> *Dezimos que se puede desfazer la vendida que fue fecha por menos de la meytad del derecho precio que pudiera valer (…) si el vendedor esto pudiere prouar, puede demandar al comprador quel cumpla sobre aquello que auía dado por ella, tanto quanto la cosa es-*

---

257 *Renunçiamos la ley que dio nuestro sennor el rey, en que dize que fata dos annos sea el omme tenudo de prouar la paga que fiziere*. Lizoain Garrido, *Huelgas de Burgos (1263-1283)*, n⁰ 589.

258 Para evitar la entrada en vigor de la *ley del engaño*, era frecuente la donación de objetos que completasen el resto del valor del bien vendido, de tradición altomedieval. Bono Huerta, *Introducción a la Diplomática notarial*, 70-71.

259 FJ. V, Tít. IV, Ley VII.

260 FR. III, Tít. X, Ley V.

261 Bono Huerta, *Introducción a la Diplomática notarial*, 70.

tonce podría valer (…). E si esto non quisiere fazer el comprador deue desamparar la cosa al vendedor e recebir dél el precio que auía dado por ella (...) Dezimos que si el comprador pudiere prouar que dio por la cosa más de la mitad del derecho precio que pudiera valer (…) puede demandar se desfaga la compra o que baxe el precio tanto quanto es aquello que demás dio[262].

Posteriormente, el Ordenamiento de Alcalá de 1348 estableció el derecho a la rescisión del vendedor si el comprador no completaba el precio justo, y del comprador si el vendedor no reembolsaba el exceso del precio percibido, siempre que la venta hubiera sido por menos de la mitad o la compra por más de la mitad; aplicable también a arrendamientos y permutas. Ello provocó que a partir de entonces la renuncia se renombrara como a la *ley nueva del Ordenamiento de Alcalá*[263].

El empleo de la renuncia a la ley del engaño no se distribuyó de forma uniforme. Así, en el norte peninsular se asoció frecuentemente a la donación de la plusvalía que hacía el comprador[264]. En la documentación notarial de Orense se han identificado quince ventas que utilizaron esta cláusula, siendo las primeras de la década de 1270, y en Lugo en once, la más antigua de 1257[265]. En el caso lucense casi todas las ventas que utilizaron esta renuncia fueron suscritas por Rui Fernández, quien debió contar con un formulario muy estandarizado, en el que la renuncia a la ley del engaño aparecía junto a la *non numerata pecunia*. La donación de la plusvalía rara vez apareció sin la renuncia a la ley del engaño, y en ella normalmente se expuso la posibilidad de un valor superior al que se había acordado, la donación correspondiente y una justificación por la que se realizaba[266].

Mientras tanto, en el área norte y central de la Meseta la renuncia a la ley del engaño aparece de forma episódica. En el territorio leonés apenas se ha podido identificar en una ocasión en León, datada en 1276, y en Astorga y Puente de Órbigo (León), a finales del periodo en estudio[267]. Caso similar es el de los te-

---

262 P. V, Tít. V, Ley LVI.

263 Bono Huerta, *Introducción a la Diplomática notarial*, 71.

264 La donación de la plusvalía es una fórmula que estuvo muy presente en la documentación prenotarial de la franja cantábrica, y que tuvo que adaptarse una vez se implantó el notariado público. Rodríguez Fueyo, "Notariado público en Oviedo (I)", 245.

265 Dono López, "Santa Comba de Naves", nº 78; Enjo Babío, *Catedral de Orense (s. XIV)*, nº 783, 799, 814, 822, 839, 847, 855, 868, 1118; Portela Silva, *Catedral de Lugo (I)*, nº 298, 300, 301, 303, 304, 306, 308-311, 499; Romaní Martínez, *Santa María de Oseira (II)*, nº 784; Vaquero Díaz y Pérez Rodríguez, *Catedral de Orense (II)*, nº 587, 597, 598, 639, 663.

266 *E se máys ualen ca o dicto prezo, nos uolo damos e outorgamos en doaçón por muyto algo e muyto ben que nos sempre fezestes e fazedes*. Vaquero Díaz y Pérez Rodríguez, *Catedral de Orense (II)*, nº 663.

267 Gregoria Cavero Domínguez y María Encarnación Martín López, *Colección documental de la Catedral de Astorga. II (1126-1299)* (León: Centro de Estudios e Investigación "San Isidoro", 2000), nº 1734, 1740; Ruiz Asencio y Martín Fuertes, *Catedral de León (IX)*, nº 2367.

rritorios centrales del reino de Castilla, pues poblaciones como Ávila, Madrid o Alcalá de Henares apenas presentan un par de ejemplos de su uso[268]. La renuncia localizada en Ávila data de los años finales del siglo XIII, y en su estructura ya se introdujo lo impuesto en las Partidas acerca del engaño del vendedor al comprador de imponer un valor superior al establecido como precio justo[269]. En Madrid y Alcalá de Henares se mantuvieron modalidades similares a las del espacio norte de la Corona, con la renuncia a la ley del engaño y la inclusión de la donación de la plusvalía para igualar el valor real del bien vendido.

En el sur peninsular fue una renuncia más común, y se ha podido constatar su empleo en Sevilla y Murcia en seis ventas y en Moguer en cuatro ocasiones[270]. En Sevilla parece que fue habitual la justificación del precio que demostrase que no se estaba incurriendo en la ley del engaño durante la segunda mitad del siglo XIII. Este modelo pudo modificarse a partir del cambio de siglo, cuando se adaptó para preceder a la renuncia específica del engaño en forma de cláusula de juramento, seguido de una donación de la plusvalía. Además, es en la ciudad hispalense donde se ha detectado el primer uso de la renuncia bajo su nueva versión del Ordenamiento de Alcalá, en 1350:

> *Et porque este preçio es justo e derecho e tanto valen oy día en vendida los dichos tres pedaços de oliuares, e non más, quiero seer judgado por la ley del Ordenamiento que nuestro sennor el rey (…) fizo en las Cortes de Alcalá de Henares, en que diz que toda cosa que sea vendida por la meytad menos del justo e derecho preçio que non vala (…) pero que sy estos bienes sobredichos más valen lo demás, déuoslo en pura e justa donaçión, fecha entre biuos, por muchas buenas obras que yo de uos reçebí[271].*

En Moguer la renuncia específica a la ley del engaño tuvo una estructura muy estable, presentando el segundo punto de la Quinta Partida, por la cual una venta debe ser derogada si se imponía un precio dos veces mayor al valor real de la propiedad[272]. Mientras tanto, el modelo murciano adquirió una estructura muy sencilla, y simplemente se impuso la renuncia al engaño de la mitad seguido de una renuncia general de leyes, quizás relacionado con la influencia catalano-ara-

---

268 ACBO, *Siglo XIV*, n° 9; Barrios García, *Catedral de Ávila*, n° 166; Carrasco Lazareno, "Santo Domingo el Real (II)", n° 79; López Pita, *Casa de Velada (I)*, n° 148; Pablo Martín Prieto, "Colección diplomática del monasterio de Santa Clara de Alcocer en la Edad Media. Parte II (1226-1420)," *De Medio Aevo* 1, núm. 2 (2012): n° 41.

269 Barrios García, *Catedral de Ávila*, n° 166

270 AHNob, *Fernán Núñez*, Car. 430, n° 10; *Osuna*, Car. 76, n° 3; Centeno Carnero, *Santa Clara de Sevilla*, n° 28, 31; García Díaz, *Catedral de Murcia*, n° 14, 17, 19-21; Ostos Salcedo y Pardo Rodríguez, *Notarios de Sevilla en el siglo XIII*, n° 90, 107; Torres Fontes, *Cehegín*, n° 2; Vilaplana Montes, *Santa Clara de Moguer*, n° 31, 35-37.

271 AHNob, *Osuna*, Car. 76, n° 3.

272 Vilaplana Montes, *Santa Clara de Moguer*, n° 36.

gonesa existente en la ciudad[273]. Solo en una ocasión, asociado con la participación de un procurador, esta cláusula presentó una expresión más extensa[274].

Cláusula de renuncia a la ley del engaño	
Lugo	*Et renunçio a exçepçón dos ditos dineiros non reçebudos et dengano mays cada meatade de dereyto preço*[275].
Orense	*Renunçiamos que nunca possamos diser que en esta vendiçón fomos enganadas en mays ca a meatade do justo preço*[276].
León	*Renuncio a la excepción que yo non pueda dezir en nengún tienpo que estos heredamientos ualían dos tanto deste precio que recebí por ellos, e se más ualen, dóuolo en donación*[277].
Astorga	*E la exepción del engano del dubro de más de la metad del derecho preço*[278].
Puente de Órbigo	*E renunçio (...) la exepción del engano del dubro de más de la metad del iusto preço*[279].
Ávila	*Renunçiamos otrossí a la ley que dize que si el vendedor de la cosa fuere engañado en la vendida que fiziere de más de la meatad del derecho preço, que el comprador de la cosa sea tenudo de complir el derecho preço o de desffazer la merca*[280].
Madrid	*E juro (...) de non yr nin venir contra esta vendida nin contra parte de ella, por mí nin por otro, porque diga que esta vendida que fue fecha la meytat menos del justo preço, que si más valen de los dichos quinientos maravedises, yo vos fago gracia e donación de ello*[281].
Alcalá de Henares	*Renunçiando a todo benefiçio de menor preço e de doblo enganno, e aquellos derechos e leys que ayudan a los engannados de más de la meytad del justo preço*[282].
Sevilla	*Renunçio que yo nin otro por mí que non pueda dezir nin querellar que uos fize esta vendiçión por la meytad menos del justo e derecho preço uale*[283].
Moguer	*E renunçio (...) la otra ley en que diz que la venda deua ser desfecha sy la cosa conprada val el dos tanto de aquello porque fue vendida*[284].
Murcia	*Renunçiamos a engannyo de meatat*[285].

Tabla 8. La renuncia a la *ley del engaño* y la donación de la plusvalía en Castilla.

273 García Díaz, *Catedral de Murcia*, nº 20.

274 Torres Fontes, *Cehegín*, nº 2.

275 Portela Silva, *Catedral de Lugo (I)*, nº 311.

276 Enjo Babío, *Catedral de Orense (s. XIV)*, nº 847.

277 Ruiz Asencio y Martín Fuertes, *Catedral de León (IX)*, nº 2367.

278 Cavero Rodríguez y Martín López, *Catedral de Astorga (II)*, nº 1740.

279 *Ibidem*, nº 1734.

280 López Pita, *Casa de Velada (I)*, nº 148.

281 Carrasco Lazareno, "Santo Domingo el Real (II)", nº 79.

282 ACBO, *Siglo XIV*, nº 9.

283 AHNob, *Fernán Núñez*, Car. 430, nº 10.

284 Vilaplana Montes, *Santa Clara de Moguer*, nº 31.

285 García Díaz, *Catedral de Murcia*, nº 14.

7.5. La cláusula de corroboración

La cláusula de corroboración es una fórmula donde se anuncian los signos de validación, fuese como prueba del contrato o para otorgarle validez[286]. Su uso venía de muy atrás, y en ella se expresó frecuentemente el ruego que recibían los escribanos públicos para su ejecución y validación, o para anunciar la inclusión de otros elementos de validación[287].

A pesar de no ser una fórmula que estuviera recogida en el aparato doctrinal del Espéculo o Partidas, la cláusula de corroboración fue utilizada por los escribanos públicos en algo más de un 20% de las ventas analizadas. Su estructura fue bastante homogénea, iniciada frecuentemente con una cláusula de mayor firmeza[288], seguida del ruego y/o mandato que recibía el escribano público o su amanuense para redactar y signar el negocio. En ocasiones, también se añadió la expresión por la que se constataba la presencia de los testigos en la consignación del contrato o, cuando se hizo uso de ellos, se mencionó la imposición de elementos de validación complementarios[289].

A pesar de su considerable difusión, es una fórmula que estuvo muy condicionada por las características documentales de cada territorio. En el norte del reino, el empleo de la cláusula de corroboración fue bastante desigual pues, mientras en Asturias fue una fórmula bastante recurrente en la documentación[290], en el territorio gallego apenas fue utilizada más allá de ejemplos aislados[291]. En suelo leonés también la realidad fue heterogénea. En León apenas se utilizó en tres de las veinticuatro ventas examinadas durante la segunda mitad del siglo XIII, siendo los primeros ejemplares de la década de 1260. Ello pudo deberse a la supervivencia de la suscripción de los otorgantes, que en ocasiones provocó la fusión de ambas fórmulas y la creación de estructuras mixtas[292]. Por contra, en Sahagún y Rueda

---

286 Cárcel Ortí, *VID*, 65.

287 Pilar Ostos Salcedo, *Notariado, documentos notariales y Pedro González de Hoces, Veinticuatro de Córdoba* (Sevilla: Editorial de la Universidad de Sevilla, 2005), 161.

288 Bono Huerta, "La práctica notarial", 505-06.

289 Rojas Vaca, "Los inicios del notariado público", 385-87.

290 Antuña Castro, *Documentación y documento notarial*, 234; Rodríguez Fueyo, "Notariado público en Oviedo (I)", 209.

291 Justo Martín y Lucas Álvarez, *Universidade de Santiago de Compostela*, n° 152,193; Portela Silva, *Catedral de Lugo (I)*, n° 95, 351; Romaní Martínez, *Santa María de Oseira (II)*, n° 1254.

292 *Nos, sobredichos vendedores, esta carta que nos mandemos façer a Gonçalo Alffonso, notario público del rey enna eglisia de León, rouramos e confirmamos e esta sinnal en ella mandemos façer.* Ruiz Asencio y Martín Fuertes, *Catedral de León (IX)*, n° 2420.

del Almirante el anuncio de validación fue más frecuente, y se identifica su uso en un 25% y un 77% de los documentos analizados, respectivamente.

En las ciudades del centro de la Corona se observa un empleo del anuncio de validación mayor que en el norte. En Valladolid y Salamanca se utilizó la cláusula corroborativa en más del 90% de las compraventas analizadas. En el caso vallisoletano se puede apreciar una ligera variedad de la fórmula, pues a la estructura más común se añadió la petición de la presencia de testigos y, si fuese necesario, la imposición de sus firmas[293]. Mientras tanto, en lugares con tantas particularidades locales como Toledo o Cuenca se observa el uso de la cláusula en menos de un tercio y la mitad de las ventas, respectivamente. En la sede primada la corroboración, cuando se utilizó, presentó características propias de su modelo notarial, pues en ella se presentaron los encargados de su validación, es decir, los escribanos públicos, con sus suscripciones, a través de su acción como testigos. Mientras tanto, en Cuenca el anuncio de validación varió entre dos modalidades, una que expresaba la registración del negocio, y otra, menos frecuente, en la que se verbalizaba que su redacción se hacía según el Fuero de Cuenca[294].

Nuevamente, el empleo de la corroboración presenta disparidades en el sur peninsular y, mientras en la ciudad de Badajoz se utilizó recurrentemente –más del 70%–, en Sevilla aparece en una de cada cuatro ventas[295]. En el caso sevillano, parece que el uso del anuncio de validación aumentó considerablemente en la primera mitad del siglo XIV, por lo que, según Ostos Salcedo y Pardo Rodríguez, la corroboración pudo asentarse a lo largo del Trescientos[296]. Además de esa escasez en la segunda mitad del siglo XIII, durante los primeros años del notariado sevillano la cláusula de corroboración solía aparecer junto a la cláusula de tradición[297].

---

293 Las ventas vallisoletanas que han sido analizadas proceden de Castro Garrido, *Huelgas de Burgos (1307-1321)*, n° 325, 327; Jonás Castro Toledo, *Documentos de la Colegiata de Valladolid (1084-1300)* (Valladolid: Diputación Provincial de Valladolid, 2010), n° 181-183, 187, 194, 196, 201, 202.

294 ACCu, c. 7, n° 14.

295 Los documentos de Badajoz proceden de Carmelo Solís Rodríguez, "Archivo de la Catedral de Badajoz. Colección de Pergaminos Medievales (II)", en *Memorias de la Real Academia de Extremadura de las Letras y Artes. Vol. IV* (Trujillo: Real Academia de Extremadura de las Letras y Artes, 2002), 12, 15, 16, 19, 21; Vaquero Díaz y Pérez Rodríguez, *Catedral de Orense (II)*, n° 562.

296 Ostos Salcedo y Pardo Rodríguez, *Notarios de Sevilla en el siglo XIV*, 60.

297 *Ibidem*, 111-12. Por la propia condición de ciudad recién conquistada, muchas de estas ventas procedían de propiedades que habían adquirido los particulares del repartimiento, quedando así constancia de la recepción de estos bienes por parte del rey –*et por más firmedumbre do uos la carta del donadío que el rey me dio con ello*–. *Ibidem*, n° 5.

Cláusula de corroboración	
Reino de León	*E porque esto sea firme e non uenga en dubda (…) rogué a Andrés Ferrandes, notario del rey en Rueda, que fesiese ende vna carta*[298].
Extremadura castellana	*Et porque esto sea firme e non venga en dulda, rogué a Domingo Pérez, notario público del rey en Salamanca, que mande fazer esta carta e ponga en ella su signo*[299]. *Et porque esto sea firme e non venga en dubda (…) mandamos a Bartolomé Domínguez, escriuano público del conçeio de Valladollit (…), que fiziesse esta carta e rogamos a las pesquisas en ella escriptas que lo firmen si mester fuere*[300].
Transierra manchega	*Et de todo esto, fazemos testigos rogados (…) a los escriuanos de Toledo, que sus nombres escriuieron en fin desta carta*[301]. *E porque esto sea firme, mandamos fazer esta carta de registro*[302].
Sur del reino	*Et porque esto sea firme, rogamos a Gómez Lorenço, escrivano público por nuestro sennor el rey en la çibdat de Badaioz, que escryviese esta carta, et a Pero Gonçález, notario público por el dicho sennor rey en la dicha çibdat et en su término, que feziese en ella su signo*[303].

Tabla 9. La cláusula de corroboración en la Corona de Castilla.

298 Burón Castro, *Gradefes (I)*, nº 542.

299 Guadalupe Beraza *et al.*, *Catedral de Salamanca (I)*, nº 363.

300 Castro Toledo, *Colegiata de Valladolid*, nº 194.

301 ACT, *Capitular*, X.11.A.1.3.

302 ACCu, c. 8, nº 19.

303 Solís Rodríguez, "Catedral de Badajoz (II)", nº 21.

8. LAS FORMAS DE DATACIÓN

La indicación de la fecha cronológica, acompañada o no de la data tópica, suele estar al final del tenor documental, y es la fórmula encargada de dar a conocer el momento en el que se consignó el negocio[304].

La forma en la que debía datarse un documento fue un punto importante en la política de uniformización documental de Alfonso X, y el Espéculo[305] y la Tercera Partida recogieron en sus formularios cómo tenía que fecharse cualquier contrato[306]. Sin embargo, a pesar de los intentos de la Corona por establecer un modelo único de la datación, el peso de la tradición y el uso de fórmulas utilizadas desde tiempos altomedievales debió retrasar la difusión de los modelos alfonsís, que no fue uniforme en sus reinos.

8.1. La desaparición de la fórmula del *regnante*

La data personal del *regnante* es una fórmula típica del periodo plenomedieval en la que se fechaba a partir del rey, aunque frecuentemente se añadieron distintos individuos de la política del territorio, como el obispo, el tenente del territorio e, incluso, magistraturas locales como el merino, el sayón o el juez[307].

> *Regnante rege don Alfonso, con su muger, la reyna donna Yolant, en Castiella, e en Toledo, e en León, e en Gallizia, e en Seuilia, e en Córdoua, e en Murcia, e en Iahén e en todos sos regnos[308].*

La fórmula del *regnante* fue un elemento tradicional que Espéculo y Partidas erradicaron de sus formularios, aunque pervivió en el norte peninsular, donde existía un fuerte peso de la tradición documental, y fue una parte importante

---

304 Carcel Ortí, *VID*, 131-33.

305 *E deve y nonbrar el dia, e el mes, e el era en que fuere fecha la carta.* Esp. IV, Tít. XII, Ley XXXV.

306 *E el día e el mes e la era e el lugar en que fue fecha.* P. III, Tít. XVIII, Ley LIV.

307 Carcel Ortí, *VID*, 132.

308 Lizoain Garrido, *Huelgas de Burgos (1263-1283)*, nº 604.

de la datación en las compraventas hasta las primeras décadas del XIV[309]. Ello también pudo estar relacionado con la mayor o menor influencia de la praxis de la cancillería real. En Lugo continuó siendo un elemento predominante en la documentación privada de la segunda mitad del siglo XIII. Sin embargo, a partir de 1300 se tiene constancia de documentos en los que no se utilizó la fórmula, y su uso fue decayendo hasta los años treinta del siglo XIV, cuando terminó por desaparecer en las ventas. Además, el formulario del *regnante* en Lugo presenta ligeras variaciones pues, lejos de la expresión *regnante rege*, se utilizó la fórmula *tempore regis* o *en tempo del rey*[310]. La supervivencia de esta fórmula parece que fue menor en poblaciones de realengo que en las sedes episcopales, y en Orcellón se ha localizado algún ejemplar que la abandonó a partir de los años sesenta del siglo XIII, para en la década siguiente no registrarse su uso en las compraventas[311].

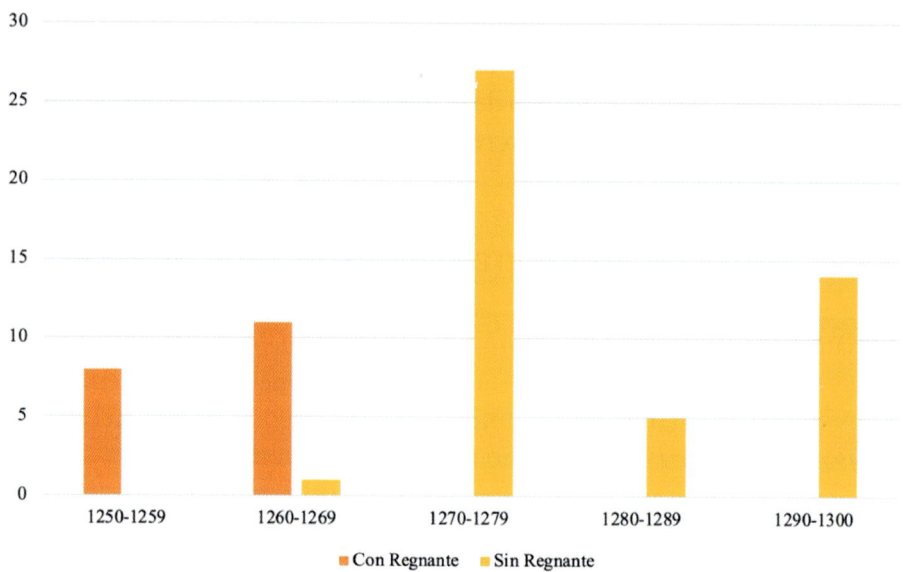

Gráfico 17. El uso de la fórmula del *regnante* en la comarca de Orcellón.

En las poblaciones más septentrionales de la Meseta la fórmula del *regnante* sufrió un declive más acelerado, desapareciendo antes del cambio de siglo. En

---

309 En Oviedo, aunque desde el cambio de siglo presentó un decaimiento pronunciado, hasta 1329 se tiene constancia de su uso. Rodríguez Fueyo, "Notariado público en Oviedo (I)", 237.

310 Romaní Martínez, *Santa María de Oseira (II)*, n° 912.

311 Ello pudo estar relacionado con que Alfonso Fernández "el Niño", hijo ilegítimo de Alfonso X, fue tenente de Trastámara, lo que pudo facilitar la incorporación de modelos que el rey trataba de introducir en Castilla. Francisco J. Hernández, "La piel del leopardo: Galicia y el ordenamiento territorial alfonsí", en *Galicia no tempo de Alfonso X*, ed. por José Miguel Andrade Cernadas y Simón R. Doubleday (Santiago de Compostela: Xunta de Galicia, 2021), 172-73.

Burgos los testimonios analizados permiten observar su pervivencia como un elemento imprescindible durante las primeras décadas del notariado romanista. Sin embargo, a partir de 1270 comienzan a identificarse ejemplos en los que no se utilizó esta fórmula, pudiendo desaparecer de la documentación notarial burgalesa hacia la década de 1290, como había propuesto Rojas Vaca[312].

Según se avanza hacia el sur, la data del *regnante* tuvo una vida cada vez más corta hasta la situación de algunas ciudades, como Sevilla, donde no se detecta su uso incluso en las fechas más tempranas[313]. Así parece corroborarlo el ejemplo de Salamanca, donde solo se ha detectado su empleo en cuatro ocasiones, todas ellas datadas en la década de 1260[314], aunque su aparición ya parece llamativa, pues en Segovia, Ávila y Valladolid, desapareció antes de 1250[315]. En la ciudad del Tormes se puede apreciar el uso de unos modelos muy tradicionales, donde al rey y su expresión de dominio le acompañaban la figura de la reina, el obispo, los jueces del rey y el pregonero y el carcelero, en los modelos más expresivos[316].

8.2. EL PASO DEL LATÍN AL ROMANCE EN LAS DATAS

Otra de las transformaciones que sufrió la data tuvo que ver con el paso del latín al romance, que fue más lento que en otros elementos del discurso diplomático. A partir de 1250 pervivieron algunas datas en latín y romance –denominadas mixtas–, o, en menor número, en latín, en compraventas escritas en romance. Este volumen queda asociado, sobre todo, a los territorios del norte peninsular, donde el empleo de la lengua latina tardó más en desaparecer. El descenso en modelos mixtos y latinos se puede observar durante la década de 1280 y 1290, siendo mínima su presencia desde los primeros años del siglo XIV. La excepción presentada entre 1320 y 1339 está relacionada con la situación de Santiago de Compostela, pues en la década de 1320 los notarios compostelanos comenzaron un proceso de cambio en el idioma para introducir definitivamente el romance. Sin embargo, algunas fórmulas tradicionales preservaron el lenguaje latino, y no fue hasta los años treinta del siglo XIV cuando se asentó el romance en las expresiones cronológicas de la ciudad compostelana.

---

312 Rojas Vaca, "Los inicios del notariado público", 388-390.

313 Ostos Salcedo y Pardo Rodríguez, *Notarios de Sevilla en el siglo XIII*, 101-16.

314 Guadalupe Beraza *et al.*, *Catedral de Salamanca (I)*, n° 323.

315 Rojas Vaca, "Los inicios del notariado público", 389.

316 Guadalupe Beraza *et al.*, *Catedral de Salamanca (I)*, n° 292.

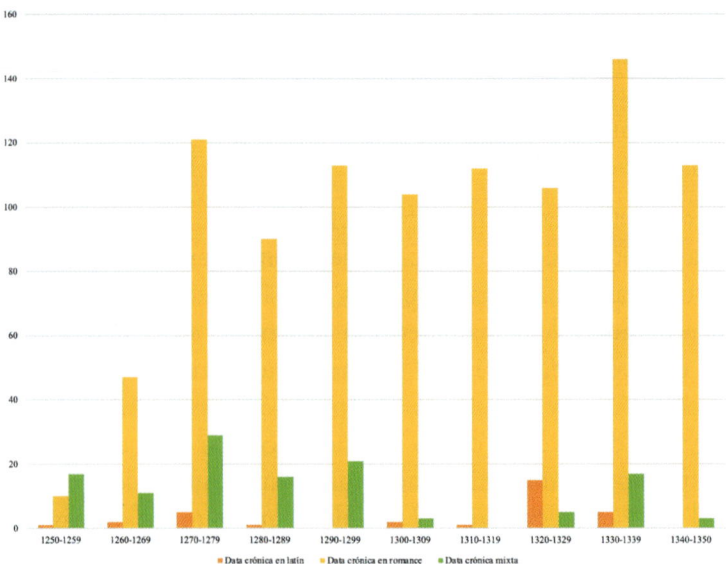

Gráfico 18. El idioma de las datas en las compraventas escritas en romance.

De igual forma, los íncipits también presentaron un proceso de transformación lingüística que provocó la caída en desuso de las formas latinas *Facta carta* o *Actum est hoc* y la paulatina introducción de los modelos romanceados, sobre todo a partir de 1270.

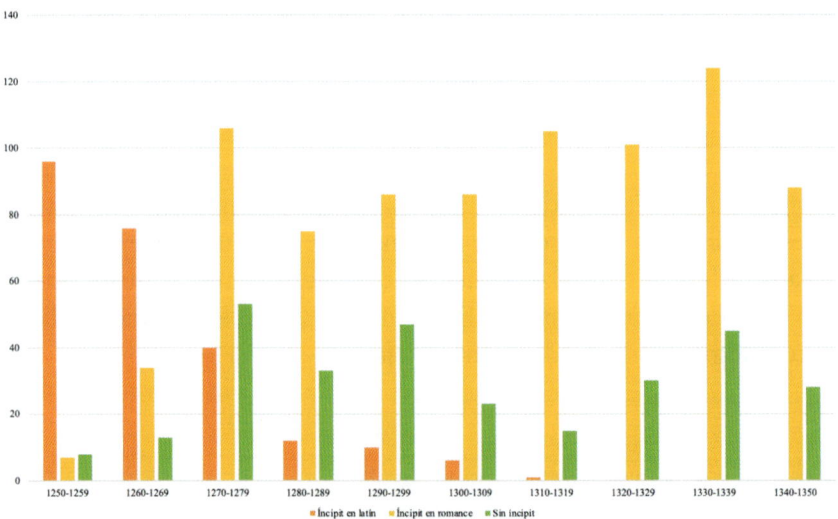

Gráfico 19. Evolución del íncipit de la data en las compraventas[317].

---

317 Las datas sin íncipit se relacionan con su aparición al comienzo del documento, especialmente llamativo en

Nuevamente, los procesos de abandono de las formas tradicionales tienen un claro componente norte-sur. Así, los escribanos públicos del noroeste peninsular tardaron más en abandonar los íncipits en latín. En Lugo se ha podido observar que el íncipit de la data no se tradujo hasta la introducción de la lengua romance en la ciudad, en el siglo XIV. A partir de la década de 1320 el íncipit adoptó una versión más simple –*Feyta a carta*–, que en el *Livroo do Cabidoo* tuvo la forma *Feyto foy esto*[318].

En los territorios del centro peninsular el íncipit latino se abandonó con anterioridad al espacio gallego. En Burgos la forma *Facta carta* se utilizó hasta 1271, si bien la fórmula romance *Fecha fue esta carta* ya se estaba aplicando en la documentación burgalesa[319]. Este íncipit romance, además, fue sustituido en los primeros años del siglo XIV por *Esta carta fue fecha*, que se convirtió en la fórmula más habitual[320]. Anterior fue el abandono del íncipit latino en Segovia, pues rara vez se ha localizado en las compraventas analizadas a partir del reinado de Alfonso X, fenómeno que hubo de ser similar en todas las poblaciones del centro peninsular[321]; y en las ventas se utilizaron los íncipits romanceados *Esta carta fue fecha* y *Fecha la carta*[322].

En el sur el empleo de algunas fórmulas tradicionales, como el íncipit en latín, se localizan en los primeros años del notariado en ciudades como Sevilla, pues pudieron venir junto a las personas que repoblaron esta ciudad. Ello justifica que existiera una cierta continuidad en el uso del íncipit latino en los años cincuenta del siglo XIII. Sin embargo, su empleo pronto dejó paso a las nuevas propuestas, y a partir de 1263 se detecta la transformación hacia la forma romanceada *Fecha la carta*[323]. Además, mientras en otros lugares del reino el íncipit romance aún sufrió cambios durante los primeros años del siglo XIV, en Sevilla se instaló definitivamente la misma estructura que apartó el íncipit latino hacia 1260. Esta realidad contrasta con lo sucedido en Córdoba, donde el cambio lingüístico fue más retardatario, y las primeras evidencias de íncipits romances datan de 1286[324].

---

algunas ciudades, como Santiago de Compostela o Salamanca.

318 Portela Silva, *Catedral de Lugo (I)*, n° 62, 298, 368; Romaní Martínez, *Santa María de Oseira (II)*, n° 912.

319 Es una fecha anterior a la señalada en Rojas Vaca, "Los inicios del notariado público", 387.

320 Castro Garrido, *Huelgas de Burgos (1307-1321)*, n° 357.

321 Rojas Vaca consideró que su uso fue excepcional en ciudades como Valladolid, y que, en otras como Ávila o la propia Segovia, no se produjo. Rojas Vaca, "Los inicios del notariado público", 387.

322 Lizoain Garrido, *Huelgas de Burgos (1263-1283)*, n° 586; Villar García, *Catedral de Segovia*, n° 187.

323 Ostos Salcedo y Pardo Rodríguez, *Notarios de Sevilla en el siglo XIII*, n° 64.

324 Guerrero Congregado, "El documento notarial Córdoba", 276-81.

8.3. LA EVOLUCIÓN DE LA DATA CRÓNICA: LA SUSTITUCIÓN DE LOS NÚMEROS ROMANOS

Con la legislación alfonsí, la Corona trató de unificar el modo en el que se redactaban los documentos a través de sus formularios y de regularizar la forma en la que se expresaba la data. En la Tercera Partida se incorporó una ley en la que se prohibía el uso de números romanos en las fechas, en las cantidades y en los nombres propios, cuyo incumplimiento conllevaría la invalidez del contrato:

> *Escreuir deuen también los escriuanos de la corte del rey como los de las ciudades e de las villas (…) en los preuillejos e en las cartas que fizieren en qual manera quier que sea que non pongan vna letra por nombre de ome o de muger (…) nin en los nombres de los lugares nin en cuenta de auer o de otra cosa, assí como C por ciento, essa misma guarda deue auer en la era que pusieren e la carta. E qualquier de los escriuanos que de otra guisa fiziesse si non como en esta ley manda, dezimos que el priuilejo o la carta que fiziesse que non valdría[325].*

Sin embargo, su asimilación no fue inmediata, y los escribanos públicos continuaron con el empleo de los números romanos en las dataciones, si bien decayó hasta su declive definitivo en los años centrales del siglo XIV. Si se observan las compraventas examinadas que se han conservado en su estado original, se aprecia que el empleo de las formas que entremezclaron el uso de los números escritos con la numeración romana –que se ha denominado *mixto*– fue el formato predominante desde la década de 1270, en detrimento de estructuras tradicionales en las que los números romanos se utilizaban en la totalidad de la data. Solo en la última década del periodo analizado se puede observar una mayoría de los elementos cronológicos totalmente desarrollados, y que desde inicios del siglo XIV habían aumentado considerablemente.

El proceso de extinción de los números romanos de las datas fue más retardatario en el norte peninsular. Rodríguez Fueyo ya detectó que el uso de la numeración romana se mantuvo en la documentación notarial ovetense hasta los primeros años del siglo XIV, con apariciones episódicas hasta la década de 1330[326]. Una situación similar parece ocurrir en la ciudad de Orense, donde el empleo de números romanos en las fechas crónicas fue recurrente durante la segunda mitad del siglo XIII, aunque a partir de la década de 1280 se empezaron a extender las formas escritas acompañadas de números romanos, frecuentemente

---

325 P. III, Tít. XIX, Ley VII.
326 Rodríguez Fueyo, "Notariado en Oviedo (I)", 210-11.

en la expresión de las centurias, donde tardó más en desaparecer. Si bien se empiezan a localizar datas cronológicas en las que se abandonaron definitivamente los números romanos desde la última década del siglo XIII, hasta los años veinte del Trescientos no se convirtió en el modelo predominante en las compraventas de la ciudad.

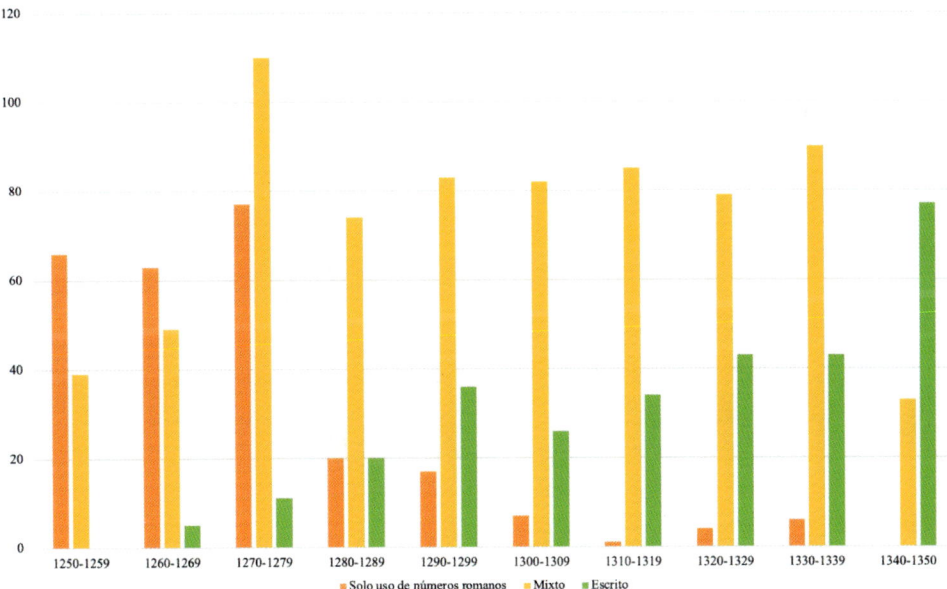

Gráfico 20. El uso de los números romanos en la data crónica.

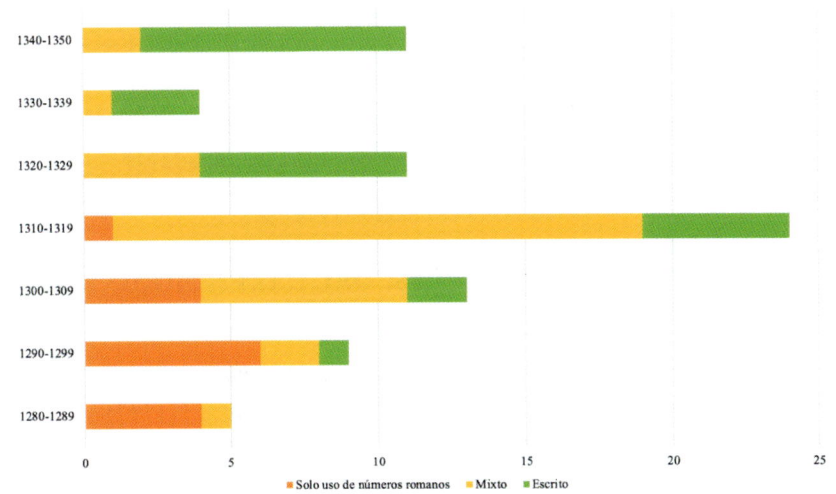

Gráfico 21. El uso de los números romanos en las datas de las ventas originales en Orense.

Este proceso fue más tardío en la ciudad primada de Toledo. Cuando se utilizó la numeración romana, fue habitual el empleo de formas mixtas, mezclando la forma escrita del año con el uso de la tradición previa, aplicado mayoritariamente a los siglos. El uso de modelos mixtos en los que se utilizaron números romanos y fecha escrita continuó siendo muy habitual hasta los años cuarenta del siglo XIV, lo que habla de una ley que se adaptó con lentitud en sus formularios.

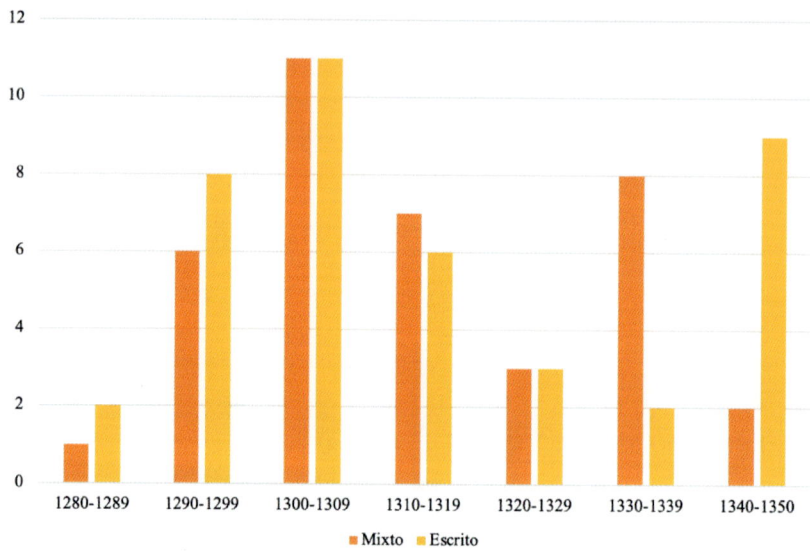

Gráfico 22. El uso de los números romanos en las datas de las ventas originales en Toledo.

En el sur de la Corona su desaparición se produjo en fechas más tempranas. En Sevilla los números romanos fueron una constante solo hasta los años ochenta del siglo XIII[327]. No obstante, en poblaciones de menor tamaño, como Niebla, su extinción fue más tardía, pues el empleo de esta forma tradicional alternando con expresiones literales de los años fue frecuente hasta la década de 1320. A partir de entonces se asistió al abandono de los números romanos en las datas crónicas.

8.4. La expresión de los días: del calendario romano al estilo directo

Otro de los pasos importantes a raíz de los formularios propuestos por la Corona fue el abandono de la expresión de los días mediante el sistema romano en

---

327 Ostos Salcedo, "La compraventa de Sevilla", 76.

favor del estilo de los días andados y por andar y, posteriormente, del estilo directo, modelo recogido en el Espéculo y en la Tercera Partida[328].

El sistema clásico de calendas, idus y nonas, mayoritario en las ventas analizadas hasta 1270, fue cayendo en desuso, sobre todo a partir de la década de 1280. Mientras tanto, el sistema de días andados y por andar tuvo su cenit en los años setenta del siglo XIII, quedando, al igual que el calendario romano, en segundo plano en la década siguiente. El modelo que terminó por asentarse desde el último cuarto del siglo XIII fue el sistema directo.

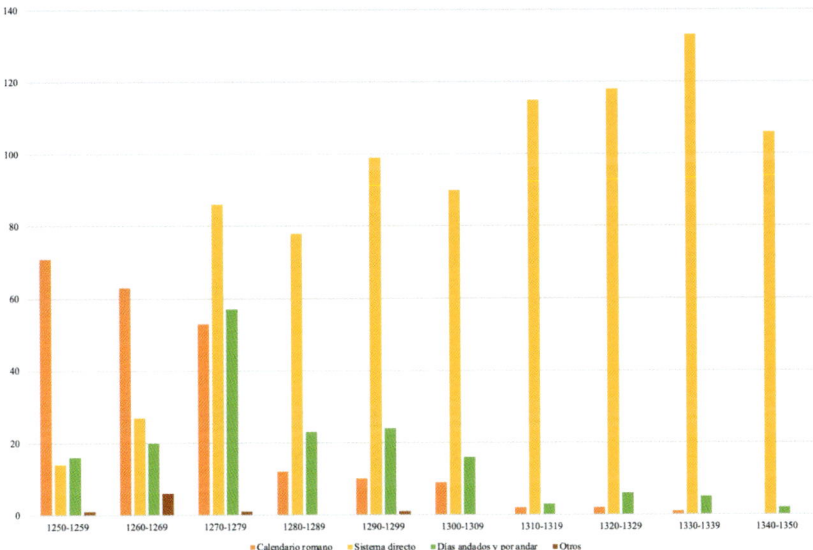

Gráfico 23. Modalidades de la expresión de los días en las compraventas.

La evolución de los modos de expresión de los días fue un fenómeno muy determinado por las condiciones de cada lugar, siendo en el norte peninsular, nuevamente, donde pervivieron los sistemas tradicionales y más tarde se adaptó el estilo directo, pues la gran parte de los testimonios del calendario romano se localizan en Galicia y Asturias. Mientras tanto, en las tierras interiores del Reino de León es probable que el asentamiento de los modelos de la Corona tuviera un mayor impacto. Así, en las villas de Sahagún y Valencia de Don Juan y en León se observa una aparición temprana del sistema de días andados y por andar[329]. Sin

---

328 A pesar de no quedar recogido en la normativa, el uso del sistema de días andados y por andar en la documentación notarial pudo estar influenciado por la emisión de privilegios reales desde la cancillería real. Santos Agustín García Larragueta, *Cronología (Edad Media)* (Pamplona: Ediciones Universidad de Navarra, 1976), 65-68; Orellana Calderón, "La Tercera Partida de Alfonso X", 296-97.

329 La documentación de Sahagún y de Valencia de Don Juan procede de Fernández Flórez, *Monasterio de Sahagún*

embargo, desde 1280 el estilo directo, del que ya se tenía constancia previa, se asentó y se convirtió en el modelo más utilizado.

En el centro peninsular los testimonios dan a entender que el sistema romano debió desaparecer con anterioridad a la implantación del notariado, pues no se tiene constancia de su uso en Madrid ni en Alcalá de Henares. La única evidencia del empleo del sistema de días andados y por andar data de 1285 por lo que, si bien pudo utilizarse con frecuencia hasta la década de 1280, desde entonces decayó en favor del sistema directo[330].

La mayor exposición a las influencias provenientes de la cancillería real y a la emanación de documentos públicos que tuvieron los territorios del sur peninsular permitió una asimilación más rápida de la práctica documental alfonsí. En las ventas de Sevilla el modelo más utilizado durante los primeros años del notariado fue el sistema de días andados y por andar. Sin embargo, la situación cambió definitivamente en la década de 1260, pues a partir de entonces el estilo directo se convirtió en el único método de expresión de los días en las compraventas sevillanas. Ello contrasta con lo ocurrido en poblaciones cercanas como Córdoba, donde el sistema de días andados pervivió hasta bien avanzada la década de 1270 y tuvo una desaparición más paulatina[331].

8.5. LA INTRODUCCIÓN DE LA DATA TÓPICA EN LAS COMPRAVENTAS

La fecha tópica fue otro de los elementos de la datación que conoció un proceso de asimilación y asentamiento entre 1250 y 1350. Si bien el Espéculo no recogió el uso de la data tópica, la Tercera Partida sí la incorporó a sus formularios[332]. Ello pudo estar relacionado con el hecho de que la data tópica en las ventas comenzó a ser frecuente a partir del cambio de siglo, si bien no fue hasta la última década del periodo en estudio cuando se impuso como un elemento de datación mayoritario.

(V), n° 1768, 1791, 1792, 1801, 1802, 1823, 1857, 1887; Ruiz Asencio y Martín Fuertes, *Catedral de León (IX)*, n° 2271, 2525, 2626, 2636, 2637, 2642.

330 Carrasco Lazareno, "Santo Domingo el Real (II)", n° 13.

331 Guerrero Congregado, "El documento notarial en Córdoba", 278-79.

332 *E deve y nonbrar el día e el mes e la era en que fuere fecha.* Esp. IV, Tít. XII, Ley XXXV. *Fecha la carta en tal lugar, tal día, en tal mes e en tal era.* P. III, Tít. XVIII, Ley LVI.

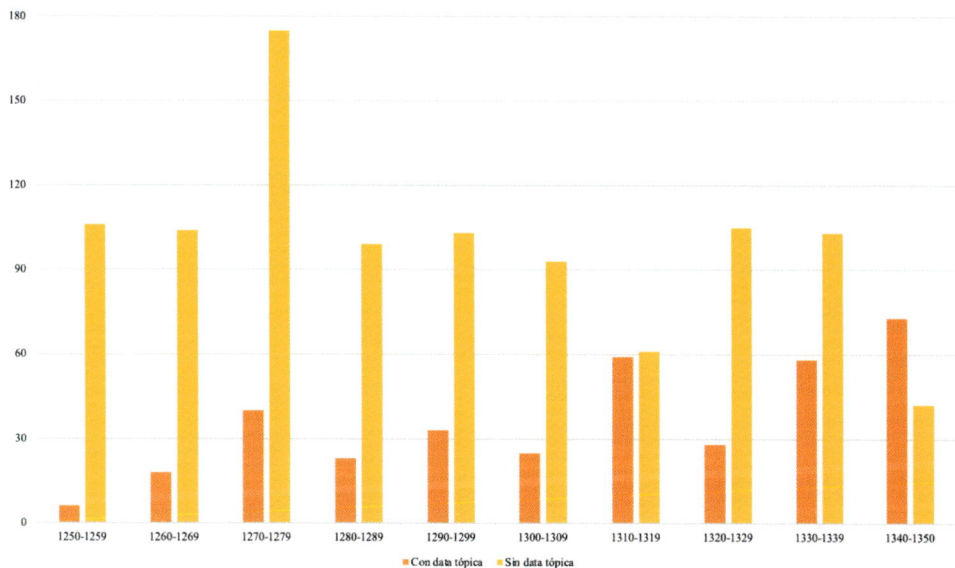

Gráfico 24. La introducción de la data tópica en las compraventas.

Aunque la data tópica fuese incluida en la Tercera Partida, su difusión por el territorio fue irregular, posiblemente favorecida por las distintas realidades escriturarias que existían en la Corona. Algunos espacios fueron reticentes a la hora de incluir la data tópica a las ventas, y en territorios como Asturias la incorporación del lugar donde se redactó la carta fue un elemento poco frecuente en los siglos XIII y XIV[333]. De igual forma parece ocurrir en el espacio de influencia de Toledo, donde se ha podido comprobar que, si bien desde 1280 hay algunos documentos que incorporaron la data tópica, la mayoría de las compraventas analizadas continuaron sin incluir el lugar de redacción del negocio, extendiéndose hasta los años cuarenta del siglo XIV, cuando la incorporación de la data tópica en las ventas termina por asentarse. Esta situación pudo ser una constante en el espacio castellanomanchego pues, al igual que Toledo, en Cuenca también fue muy tardía la introducción de la data tópica. En Burgos parece que la incorporación del lugar de redacción del documento a la compraventa pudo ser anterior, pues se constata su empleo desde inicios del reinado de Alfonso X, si bien es probable que hasta los primeros años del siglo XIV no se asentara definitivamente[334].

Contrario a ello, existieron poblaciones en las que la introducción del lugar de redacción en las compraventas se produjo durante la segunda mitad del siglo

---

333 Albarrán Fernández, "Los notarios públicos del rey en Asturias (I)", 206.

334 Rojas Vaca, "Los inicios del notariado público", 387-88.

XIII. Es el caso de Sevilla, ya que este proceso se dio durante la década de 1280[335]. Esta situación también sucedió en algunas poblaciones del norte peninsular, pues en Orense se ha detectado el uso de la data tópica en 92 ocasiones, algo más de la mitad de las compraventas analizadas.

Hasta 1280 solo el 13% de las ventas utilizaron el elemento tópico.

Sin embargo, ya se podía observar un cambio, puesto que el uso de la data tópica fue cada vez fue más frecuente, y desde 1293 todas las ventas orensanas analizadas incluyeron el lugar de redacción.

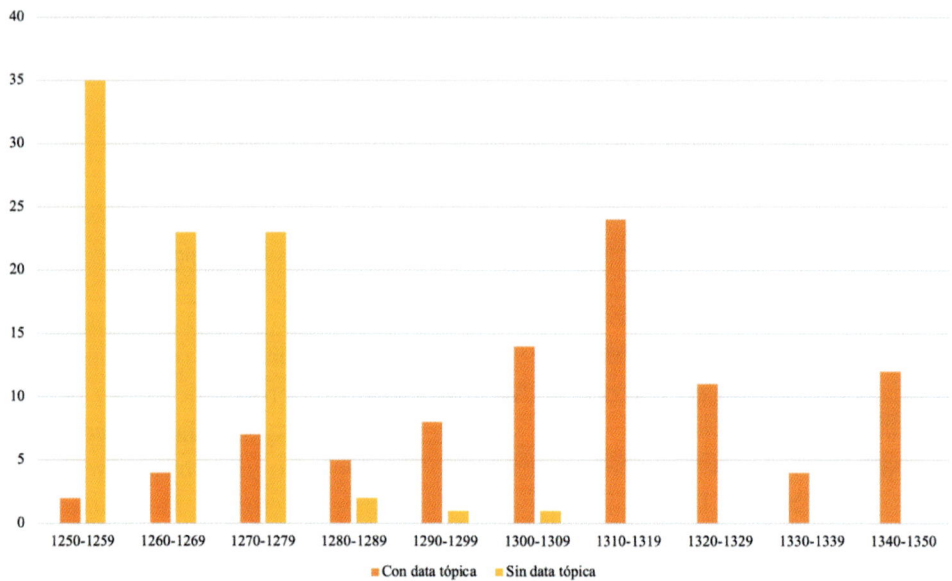

Gráfico 25. El uso de la data tópica en las compraventas de Orense.

8.6. LOS ESTILOS DE EXPRESIÓN DEL AÑO

Mientras gran parte de los elementos de la data sufrieron modificaciones, la expresión de los años tuvo muy poca variabilidad. El modelo mayoritario continuó siendo la era hispánica, propia de la Península Ibérica y que, como herencia de la tradición documental anterior, Alfonso X recogió en los formularios del

---

335 Ostos Salcedo, "La compraventa de Sevilla", 76.

Espéculo y la Tercera Partida[336]. Esta forma de expresión de los años se utilizó en casi la totalidad de las ventas analizadas[337].

Esporádicamente, se ha podido identificar el uso de otros estilos de expresión del año, cuya aparición pudo deberse a distintos factores, como la participación de personas relacionadas con el clero. Así ocurrió en 1295 y 1297, cuando un notario público de Segovia nombrado por el obispo utilizó el *anno Domini* en dos compras que hicieron el arcediano de Sepúlveda y un canónigo de la catedral, respectivamente[338]. De igual forma ocurrió con Pedro Juan y Lucas González, dos de los primeros escribanos públicos de Burgos, que utilizaron el estilo del *anno Domini* junto a la era hispánica en diversas compras que efectuó el monasterio de Las Huelgas[339]. Casi todos los ejemplos restantes lo conforman la documentación suscrita por don Silvestre, notario apostólico al servicio de Suero Pérez, obispo de Zamora[340]. Este individuo incluyó en sus dataciones la era hispánica, la era cristiana bajo el estilo de la Natividad o el *anno Domini* y la indicción, un modelo propio de la cancillería pontificia[341].

---

336 Esp. IV, Tít. XII, Ley XXXV; P. III, Tít. XVIII, Ley LVI.

337 Carcel Ortí, *VID*, 134; García Larragueta, *Cronología*, 74-76.

338 Villar García, *Catedral de Segovia*, n° 234, 240.

339 Lizoain Garrido, *Huelgas de Burgos (1231-1262)*, n° 503, 514; *Huelgas de Burgos (1263-1283)*, n° 565, 566.

340 César Quijano Martínez, "La producción escrita de don Silvestre, notario apostólico en la catedral de Zamora (1271-1276)," *Hispania Sacra* 76, núm. 153 (2024): 1192-95.

341 ACZ, n° 16/I/10, 16/I/11a, 16/I/14, 18/4.

9. LOS ELEMENTOS DE VALIDACIÓN

El documento notarial también conoció un periodo de evolución en los elementos encargados de dar validez al negocio. El sistema tradicional de la suscripción del otorgante del documento y la aparición de testigos, heredero de tiempos altomedievales, y, desde las inmediaciones del 1200, la aposición de los sellos, dieron paso a la validación a través de la suscripción y signo del escribano público[342].

La validación, entendida como la acción que otorga validez y fiabilidad al documento consignado, fue objeto de una reglamentación precisa desde un inicio[343]. En las obras legislativas de Alfonso X se reguló la forma de validar la documentación notarial, exigiéndose que debía incluir una testificación y la intervención del escribano público[344]. El Fuero Real dio el papel protagonista a la suscripción del escribano público junto a los testigos del negocio[345], presentes en la confección documental, en número de tres[346]. Mientras, el Espéculo trató de establecer cuáles eran las acciones que llevaban a un documento a ser considerado como auténtico. En la ley XXXV, Título XII, Libro IV, se recogió cómo se debía validar un documento entre particulares, determinando que los testigos fuesen capaces de leer el documento para comprender aquello que se estaba consignando, y que también supiesen escribir sus nombres como presentes en la escrituración del negocio:

> *E después, deven y escrivir sus nombres con sus manos mismas los testigos que y fueren llamados senaladamente (...) e al menos deven seer a tales que entiendan la carta e la sepan leer. E otrosí, el escrivano de conceio que escrivier la carta deve y escrivir su nonbre, e fazer y su señal conocida en cabo de toda la escriptura, e que sea como encerramiento de todo lo al*[347].

---

342 Bono Huerta, *Derecho notarial español (I.1)*, 88-89.

343 Ostos Salcedo, "El documento notarial castellano", 523.

344 Ostos Salcedo, "La compraventa de Sevilla", 73.

345 Bono Huerta, *Derecho notarial español (I.1)*, 238-41.

346 FR II, Tít. IX, Leyes I y III.

347 Esp. IV, Tít. XII, Ley XXXV.

Una vez se difundieron las Partidas, en ellas quedó dispuesto un auténtico manual sobre el notariado público castellano, también se perfiló la forma que debían presentar los elementos de validación[348]. En el Título XVIII de la Tercera Partida se aprecia una preocupación por defender el valor del documento como prueba de derechos, adaptándose su validación conforme a la oficina que lo expedía[349]. En la ley LIV se decretó qué elementos daban fe pública y validez a un documento notarial, desde la suscripción del escribano público a cómo debían presentarse los testigos y cerrarse el negocio. Todas estas normativas relativas a la validez del documento entre particulares tuvieron como objetivo evitar las posibles falsificaciones documentales[350].

> *En toda carta que sea fecha por mano de escriuano público deuen ser puestos los nomes de aquellos que la mandan fazer (…) e los testigos que se acertaron (…) deue dexar vn poco de espacio en la carta, e dende ayuso fazer y su signo e escreuir y su nome en esta manera: "Yo, fulano, escriuano público de tal lugar, estaua delante quando los que son escritos en esta carta fizieron el pleyto (…) o otra cosa qualquier, assí como dize en ella, e por ruego e por mandado dellos escreuí esta carta pública e puse en ella mío signo e escreuí mi nome"[351].*

La suscripción y signo del escribano público fueron indispensables para otorgar validez a un documento notarial. Ahora bien, las particularidades de cada territorio de la Corona y las condiciones jurídicas de los participantes en el negocio provocaron que existiesen enormes variaciones en la distribución y forma de la testificación y en la introducción de elementos de validación complementarios. Así, en Sevilla los testigos fueron dos escribanos del oficio junto con la suscripción del escribano público[352], mientras que en Córdoba la validación estuvo protagonizada por la suscripción notarial y la testificación de dos escribanos públicos de la ciudad[353]. Por el contrario, en el norte peninsular fue habitual el empleo de elementos de validación heredados de etapas anteriores, como las cartas partidas por ABC, la aposición de sellos o los testigos ficticios[354]. También fue común el

---

348 ono Huerta, *Derecho notarial español (I.1)*, 245-56.

349 Ostos Salcedo, "La compraventa de Sevilla", 67.

350 Véase Pilar Ostos Salcedo y María Luisa Pardo Rodríguez, "La teoría de la falsedad documental en la Corona de Castilla", en *Falsos y falsificaciones de documentos diplomáticos en la Edad Media* (Zaragoza: Real Sociedad Económica Aragonesa de Amigos del País, 1991), 161-75.

351 P. III, Tít. XVIII, Ley LIV.

352 Ostos Salcedo, "La compraventa de Sevilla", 76-77.

353 Carmen Guerrero Congregado, "La implantación del notariado público en Córdoba (1242-1299)", en *Escritura, notariado y espacio urbano en la Corona de Castilla y Portugal (siglos XII-XVII)*, ed. por Miguel Calleja-Puerta y María Luisa Domínguez Guerrero (Gijón: Trea, 2018), 100.

354 Rodríguez Fueyo, "Notariado público en Oviedo (I)", 185.

uso de las suscripciones de los otorgantes como elemento de validación, indispensable en tiempos altomedievales, pero que desapareció paulatinamente una vez se asentó el notariado público[355]. Se han localizado ejemplos de esta práctica en Sahagún hasta 1262, posiblemente asociado a la recepción del Fuero Real y a una asimilación de los preceptos alfonsíes más temprana[356]. Sin embargo, en otras ciudades, como Lugo u Oviedo, su uso se mantuvo hasta 1325 y 1336, respectivamente[357].

9.1. LOS TESTIGOS: LA ADAPTACIÓN A LOS MODELOS NOTARIALES

La participación de testigos tiene una larga tradición en el mundo documental. En la Alta y Plena Edad Media solían aparecer agrupados en función de su estado o su condición social, en ocasiones junto a testigos ficticios[358]. Con la difusión del corpus legislativo de Alfonso X, la testificación entró en un proceso de cambio gracias a las distintas leyes que establecieron su obligatoriedad, su número y el valor real que su participación tenía en el documento notarial.

El primer cambio que se produjo tuvo que ver con la desaparición de las columnas de testigos y de confirmantes. Según las fuentes consultadas, su uso en las ventas pervivió durante la segunda mitad del siglo XIII en algunas zonas del norte peninsular, si bien con cada vez menor presencia[359]. En León las columnas aparecen frecuentemente hasta 1265, en número de tres o cuatro columnas de testigos y/o confirmantes y, en última instancia, la tríada de testigos ficticios, un elemento tradicional que perduró hasta el siglo XIV en zonas del noroeste peninsular, aunque con ligeras variantes regionales[360]. Las últimas evidencias del empleo de las columnas en León datan de 1291 y 1292[361].

---

355 Véase Pilar Ostos Salcedo, "Los escribanos públicos y la validación documental", en *La validación de los documentos: pasado, presente y futuro. Octavas Jornadas Archivísticas* (Huelva: Diputación Provincial de Huelva, 2007), 27-42.

356 Fernández Flórez, *Monasterio de Sahagún (V)*, n° 1791, 1792.

357 Portela Silva, *Catedral de Lugo (I)*, n° 207; Rodríguez Fueyo, "Notariado en Oviedo (I)", 128-29.

358 Bono Huerta, *Introducción a la Diplomática notarial*, 54.

359 El uso de esta fórmula de tradición altomedieval estuvo directamente relacionado con las tipologías más tradicionales, entre las que se encuentra la compraventa. Rodríguez Fueyo, "Notariado público en Oviedo (I)", 186-87.

360 *Petrus testis. Dominicus testis. Johannes testis.* Ruiz Asencio y Martín Fuertes, *Catedral de León (VIII)*, n° 2193. En Asturias fueron más frecuentes *Petrus, Martinus et Iohannis*. Albarrán Fernández, "Los notarios públicos del rey en Asturias (I)", 185-86; Antuña Castro, *Notariado y documentación notarial*, 194.

361 Ruiz Asencio, y Martín Fuertes, *Catedral de León (IX)*, n° 2561, 2567.

Por otro lado, la relación de testigos fue, al igual que la data, uno de los elementos del discurso diplomático con mayor tradición. Ello provocó la pervivencia del latín en la testificación, sobre todo en el íncipit, aun cuando el resto era escrito en romance. De igual forma, en ocasiones se pueden apreciar testigos escritos en latín, generalmente miembros del clero, junto a otros que lo hicieron en romance, generando, en ambos casos, estructuras mixtas. Empero, al contrario de lo sucedido en las dataciones, el abandono del latín en la *testificatio* se produjo antes del cambio de siglo.

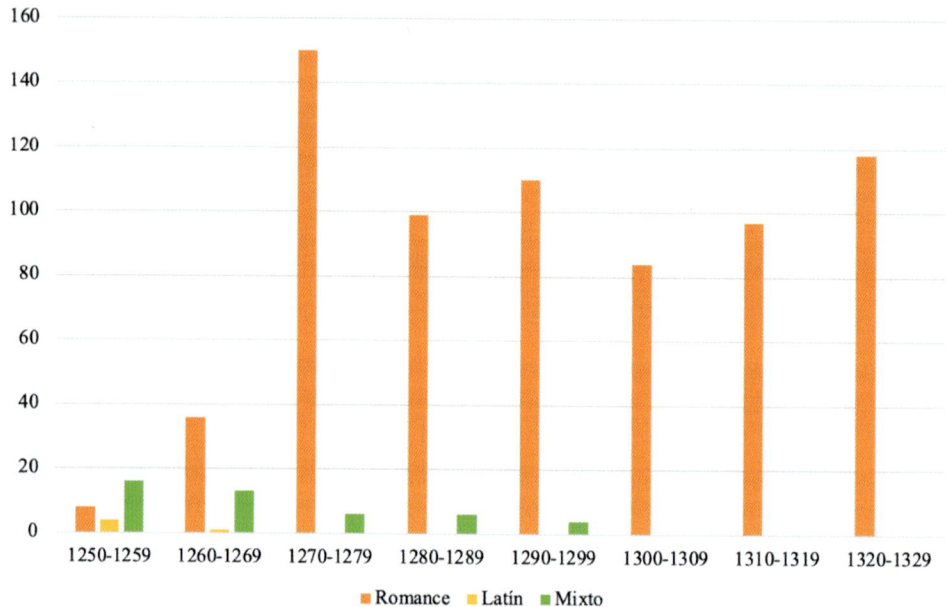

Gráfico 26. Idioma de las testificaciones en compraventas originales escritas en romance.

Este proceso de evolución lingüística presentó más dificultades para su asentamiento en el norte, donde perduraron las fórmulas, e incluso el documento, en latín. Durante las primeras décadas del notariado en la comarca de Orcellón fue habitual el uso de la lengua latina en las ventas. Sin embargo, a partir de los años setenta del siglo XIII el latín desapareció y terminó por desarrollarse el íncipit *Testimoyas que presentes foron a esto, chamadas et rogadas*[362], similar al recogido en el formulario de la Tercera Partida[363]. Por el contrario, los territorios meridionales

---

362 Romaní Martínez, *Santa María de Oseira (II)*, n° 1001.

363 *Testigos llamados e rogados*. P. III, Tít. XVIII, Ley LVI.

presentaron una evolución más temprana del íncipit. En Sevilla solo se detecta el uso del latín en las relaciones de testigos durante la década de 1250[364].

Pese a todos estos cambios, lingüísticos y formularios, la transformación fundamental que sufrió la testificación en los documentos notariales fueron los intentos de la Corona por establecer un número fijo de testigos. El Fuero Real ya incluyó una ley que dictó la presencialidad en la consignación del negocio de, al menos, tres personas[365].

> *Todas las cartas que fueren fechas (…) por los escribanos públicos que fueren puestos, así como manda la ley, fáganse con tres testigos al menos[366].*

Esta normativa fue modificada en el Espéculo, donde se fijó que fuesen dos las personas que testificaran, y que estas debían suscribir el documento. Ello obligaba, por tanto, a que dichos individuos supiesen escribir.

> *Que toda carta que sea fecha por mano de escrivano de conceio en que aya escriptos los nonbres de dos testigos con sus manos[367].*

Finalmente, la Tercera Partida dispuso que los testigos debían ser dos escribanos públicos que escribiesen sus nombres o, en caso de no poder contar con esa cifra, tres hombres buenos:

> *En toda carta que sea fecha por mano de escriuano público deuen ser puestos los nomes de aquellos que la mandan fazer (…) que sean dos escriuanos públicos por testigos (…) que escriuan sus nomes en ella; o si por auentura tantos escriuanos públicos non pudieren auer en el lugar, tomen por testigos tres omes buenos que escriuan y sus nomes[368].*

No obstante, la regulación del número de testigos parece que tardó en aplicarse con éxito en la Corona. La participación de seis o más individuos en el proceso de testificación rondó el 50% de los documentos examinados hasta la década de 1290, cuando se observa un decrecimiento del número de testigos. Sin embargo, esta cifra continuó representando más de un tercio de las ventas hasta 1320, momento en el que comenzaron a frecuentar las listas con tres, cuatro o cinco testigos.

---

364 Ostos Salcedo y Pardo Rodríguez, *Notarios de Sevilla en el siglo XIII*, n° 1-11, 15.
365 Bono Huerta, *Derecho notarial español (I.1)*, 240.
366 FR. II, Tít. IX, Ley I.
367 Esp. IV, Tít. XII, Ley LI.
368 P. III, Tít. XVIII, Ley LIV.

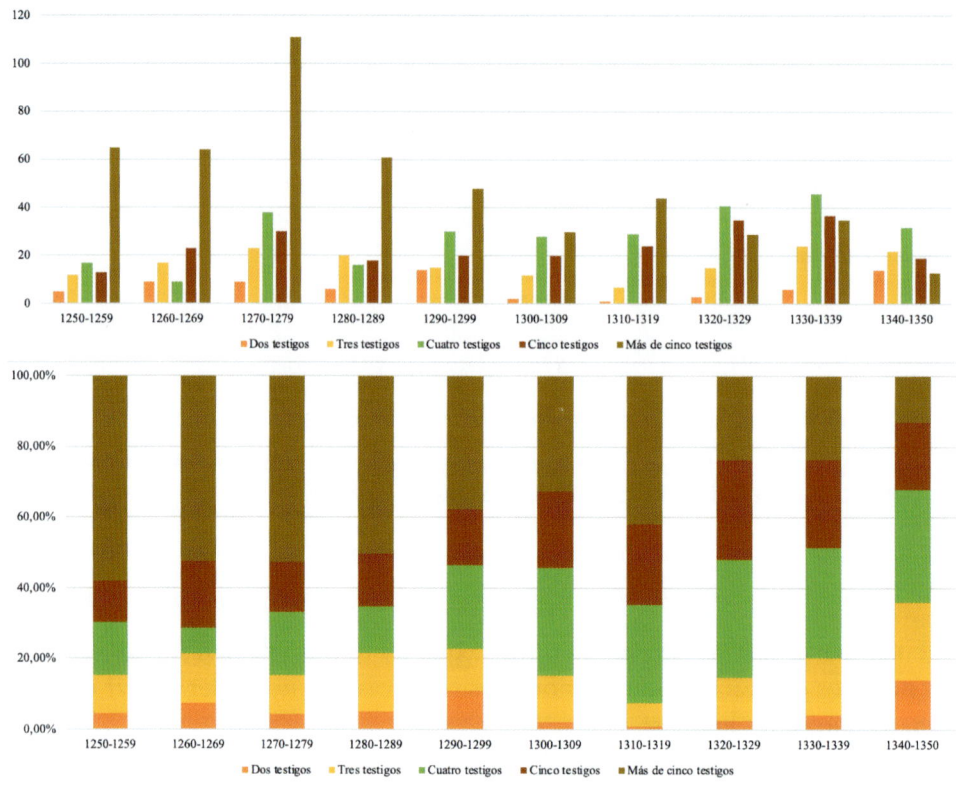

Gráfico 27. El número de testigos en las compraventas.

De esta forma, el panorama general habla de una pervivencia de largas listas de testigos durante todo el periodo en estudio, aunque tendió a su reducción. En Santiago de Compostela el número de personas que presenciaron la consignación del negocio rondó las cinco o seis hasta el cambio de siglo, y así se mantuvo hasta la segunda década del Trescientos, cuando el número medio de testigos se redujo en la mayoría de las ventas analizadas. Desde entonces fueron más frecuentes aquellas relaciones de tres, cuatro o cinco personas, cifras que se aprecian en otras ciudades del norte, como Oviedo[369]. En la mayoría de las testificaciones aparecen, además de hombres buenos de la ciudad, escribanos que trabajaban en la notaría o personas dependientes del notario público. Da la sensación, por ende, que se aunaron los dos modelos propuestos por el rey, en el que dos escribanos eran los encargados de testificar o, por contra, tres hombres buenos debían asistir a la consignación del negocio.

---

369 Calleja-Puerta y Felpeto Cueva, "Los documentos de compraventa en Asturias", 571; previamente Rodríguez Fueyo, "Notariado público en Oviedo (I)", 185-87.

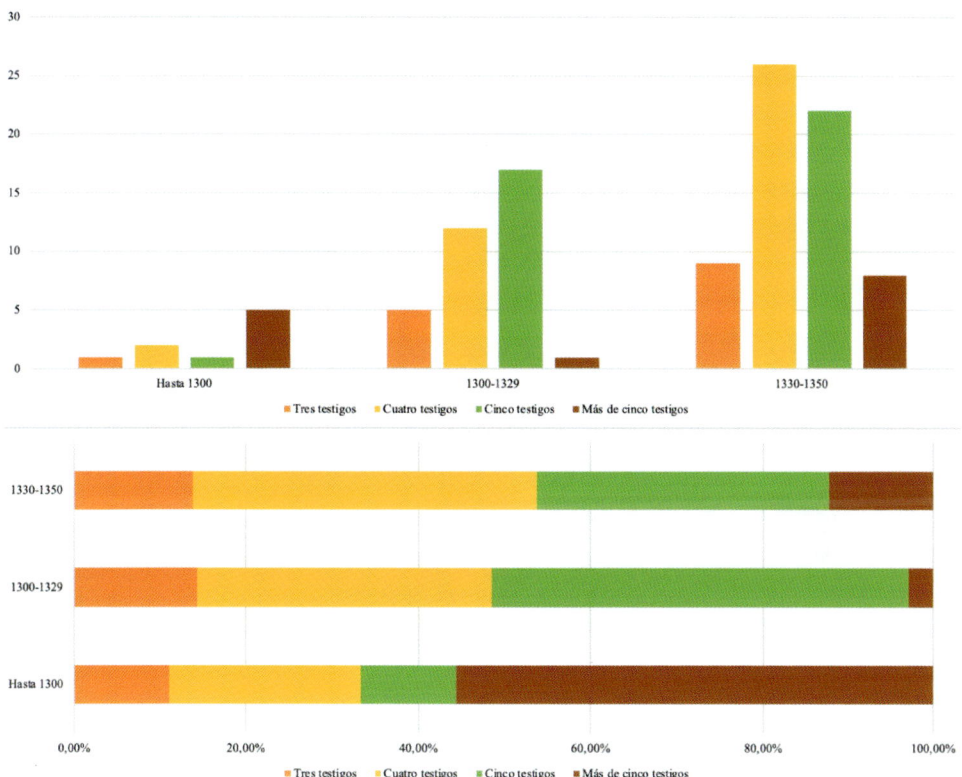

Gráfico 28. El número de testigos en Santiago de Compostela.

Este proceso de reducción de los testigos que se observa en el noroeste peninsular también se puede apreciar en otras poblaciones de la Corona. En Burgos las testificaciones continuaron utilizando el estilo tradicional de largas listas de testigos durante la segunda mitad del siglo XIII. No será hasta el cambio de siglo cuando se pueda apreciar un descenso en su número, y se asienten las relaciones de testigos de tres, cuatro o cinco individuos, en ocasiones con la participación de escribanos públicos en el ejercicio testifical.

Mientras una gran parte del territorio castellanoleonés mantenía sus tradiciones escriturarias en lo relativo al número de testigos, existieron otras poblaciones que adaptaron con mayor facilidad las normas, ya fuesen las del Espéculo o las de la Tercera Partida. En Ávila predominaron las ventas con tres o cuatro testigos desde 1270[370], sobre todo a partir de la década de 1280, coincidiendo con la difusión de la Tercera Partida.

---

370 Nuevamente, se ha podido constatar la participación de escribanos entre los testigos y, en alguna ocasión, escribanos públicos de la ciudad.

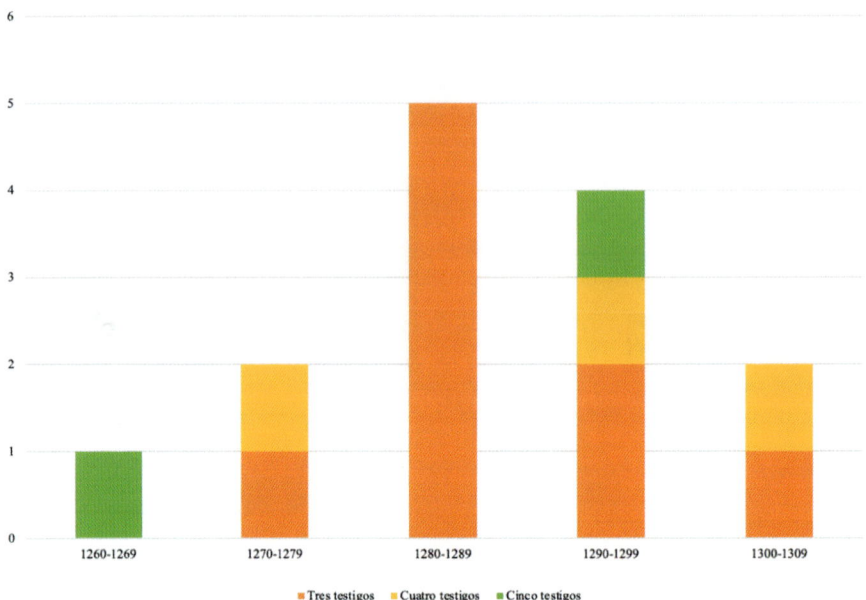

Gráfico 29. El número de testigos en Ávila.

La escasa tradición documental latina del sur peninsular permitió un asentamiento más rápido de la normativa relativa a los testigos. En Sevilla la testificación estuvo protagonizada por dos escribanos del oficio –uno el autor material del documento–, en un modelo similar al propuesto en el Espéculo[371]. Por otra parte, en Niebla y Moguer la mayoría de las testificaciones presentan la participación de dos, tres o cuatro individuos, frecuentemente formada por escribanos públicos o amanuenses de las notarías. Solo un documento utilizó más de cinco testigos, quizás por su condición de venta en almoneda pública[372].

9.2. LA *COMPLETIO* NOTARIAL: DEL MODELO PRENOTARIAL A LA FÓRMULA MODERNA

La suscripción y el signo del escribano público fueron imprescindibles en todo documento notarial, pues se encargaban de conferir al documento su validez[373]. Ambos elementos instituían al escribano público como la persona que poseía la legítima potestad para formalizar documentos dotados de plena *fides publica*[374].

371 Ostos Salcedo, "La compraventa de Sevilla", 76–77.

372 Anasagasti Valderrama y Rodríguez Liáñez, *Niebla y su tierra (I)*, n° 35.

373 Bono Huerta, "La práctica notarial", 498.

374 Bono Huerta, *Derecho notarial español (I.2)*, 207–08.

Alfonso X dio capacidad a los escribanos públicos para que fuesen los encargados de validar todo negocio que pasase por sus oficinas[375]. En la ley III del Fuero Real se determinó que los notarios tenían que cerrar el documento con su señal identificativa o signo[376].

> *Los escribanos públicos pongan en las cartas que ficieren el año e el día en que las ficieren e su señal*[377].

El Espéculo también recogió una serie de pautas que debían seguir los escribanos públicos para dar validez a los documentos, insistiendo en la obligatoriedad del signo.

> *El escrivano de conceio que escrivier la carta deve y escrivir su nonbre e fazer y su señal conoscida en cabo de toda la escriptura, e que sea como encerramiento de todo lo al*[378].

Finalmente, en la Tercera Partida se aportó un formulario más completo, bajo unas premisas bien definidas[379]:

> *E quando todo esto ouiere escrito, deue dexar vn poco de espacio en la carta e dende ayuso fazer y su signo e escreuir y su nome en esta manera: "Yo, fulano, escriuano público de tal lugar, estaua delante quando los que son escritos en esta carta fizieron el pleyto, o la postura o la vendida o el cambio o el testamento o otra cosa qualquier, assí como dize en ella, e por ruego e por mandado dellos escreuí esta carta pública e puse en ella mío signo e escreuí mi nome"*[380].

---

375 Francisco José Ábalos Nuevo, "Los notarios depositarios de la fe pública. La validación de los documentos notariales", en *La validación de los documentos: pasado, presente y futuro. Octavas Jornadas Archivísticas* (Huelva: Diputación Provincial de Huelva, 2007), 48-50; Ostos Salcedo, "La validación", 28-33. La concesión de la autoridad sobre individuos que se encargarían de la documentación entre particulares pudo comenzar a inicios del siglo XIII, cuando ya se estaba desarrollando en la Europa mediterránea una preocupación creciente por las escrituras auténticas. Miguel Calleja-Puerta, "Institución notarial y transferencias culturales en los reinos de Castilla y León antes de 1250", en *Escritura, notariado y espacio urbano en la Corona de Castilla y Portugal (siglos XII-XVII)*, ed. por Miguel Calleja-Puerta y María Luisa Domínguez Guerrero (Gijón: Trea, 2018), 15-30. Véase François Menant, "Las transformaciones de la escritura documental entre los siglos XII y XIII," *Edad Media. Revista de Historia*, núm. 16 (2015): 33-53.

376 El signo, como marca de validación personal del escribano público, tuvo un desarrollo paulatino y en poblaciones, principalmente del sur, la figura del notario apareció con anterioridad al primer signo notarial, como Córdoba o Sevilla, lo que no obstaba para que tuviesen la fiabilidad pública para redactar la documentación. Ostos Salcedo, "La validación", 31-32.

377 FR. II, Tít.. IX, Ley III.

378 Esp. IV, Tít. XII, Ley XXXV.

379 Antonio José López Gutiérrez, "Génesis y tradición del documento notarial castellano a través de las fuentes legales alfonsíes", en *Escritura, notariado y espacio urbano en la Corona de Castilla y Portugal (siglos XII-XVII)*, ed. por Miguel Calleja-Puerta y María Luisa Domínguez Guerrero (Gijón: Trea, 2018), 45-47.

380 P. III, Tít. XVIII, Ley LIV.

Sin embargo, el proceso de asimilación de las novedades alfonsíes no fue homogéneo en toda la Corona. En Sevilla hasta 1272 no se constatan las primeras evidencias del uso del signo, no siendo un elemento constante hasta la década de 1280[381]. Un proceso similar parece ocurrir en Córdoba, donde no se ha identificado su uso hasta 1281[382]. Mientras tanto, en el noroeste peninsular el uso de señales identificativas de los autores materiales –equiparables a los signos notariales– era común desde antes de la implantación del notariado romanista[383].

De la mano de la evolución de los formularios estuvo el desarrollo de la suscripción de los escribanos públicos, pasando de la escueta suscripción del *scriptor* tradicional a una fórmula que fue ganando elementos que daban fe de la nueva cualificación y responsabilidades del notario público[384]. Las suscripciones notariales se han dividido en tres modalidades siguiendo un criterio comparativo con las fuentes legales alfonsíes. Un grupo lo conforman aquellas suscripciones con un claro componente tradicional en las que, más allá del dibujo del signo, el notario únicamente indica que él había escrito –o había mandado escribir– el documento y, en ocasiones, su condición de testigo[385]. Otro grupo está formado por las suscripciones notariales que presentaron un estilo parecido al propuesto en el Fuero Real o, sobre todo, el Espéculo, donde se ordenaba su identificación y la inclusión del signo para otorgar validez al negocio[386]. Finalmente, el tercero está compuesto por las *completiones* notariales que tienen un formato parecido o idéntico al de la Tercera Partida, en el que se expresó su declaración de presencialidad en la consignación del negocio y la recepción del ruego o mandato de los otorgantes para su redacción[387].

El modelo tradicional, que fue mayoritario entre 1250 y 1270, fue perdiendo peso desde entonces hasta su práctica desaparición a fines de siglo. Por el contrario, el esquema del Espéculo fue el modelo de suscripción notarial más difundido, mientras que el propuesto por la Tercera Partida, que se pudo observar episódi-

---

381 Ostos Salcedo, "La compraventa de Sevilla", 77.

382 Guerrero Congregado, "La implantación del notariado público en Córdoba", 95-100.

383 José Antonio Álvarez Castrillón y Miguel Calleja-Puerta, "Fe pública y desarrollo urbano en los primeros tiempos de la Pobra de Burón: del sello del concejo a los notarios del rey," *Historia. Instituciones. Documentos*, núm. 50 (2023): 38. El uso del signo previo al notariado público se puede constatar en algunos escribanos públicos en Oviedo. Miguel Calleja-Puerta. "A escribir a la villa. Clerecía urbana, escribanos de concejo y notarios públicos en la Asturias del siglo XIII," *Historia. Instituciones. Documentos*, núm. 42 (2015): 76.

384 Rojas Vaca, "Los inicios del notariado público", 390.

385 *Johán Iohannis, jurado público notario del concejo de León, qui notuit.* Ruiz Asencio y Martín Fuertes, *Catedral de León (VIII)*, n° 2183.

386 *Ego, Lupus Nunonis, publicus notarius ciuitatis Auriensis, ad hoc notare uocatus interfui et notaui et signum meum apposui.* Vaquero Díaz y Pérez Rodríguez, *Catedral de Orense (II)*, n° 448.

387 P. III, Tít. XVIII, Ley LIV.

camente en los años cincuenta y sesenta del siglo XIII, no fue hasta 1270 cuando se difundió por todo el reino, siendo previo a la propia confección y propagación de la normativa.

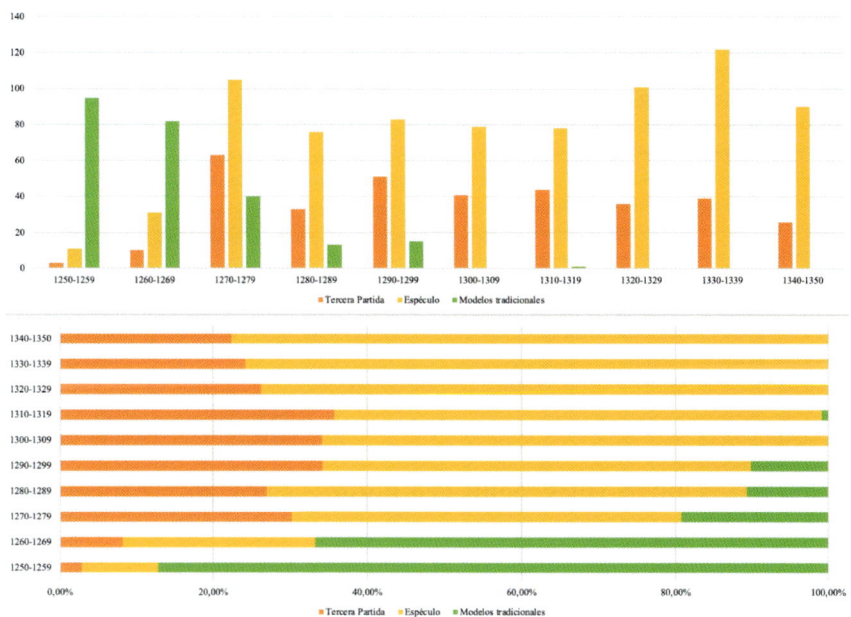

Gráfico 30. La *completio* notarial en las compraventas.

En la ciudad de Orense el modelo tradicional sobrevivió hasta la década de 1270. Sin embargo, desde los años cincuenta del siglo XIII, aunque con mayor difusión entre 1260 y 1270, se ha podido constatar el uso de modelos similares a los del Fuero Real y del Espéculo, el más utilizado entre los notarios orensanos. Ello no sorprende, pues el modelo del Espéculo fue muy común en otras partes del noroeste peninsular antes de 1350, como Lugo, Santiago de Compostela o, incluso, poblaciones realengas como Oviedo o Grado[388]. Desde 1260 también se puede observar el uso esporádico de una fórmula más completa y similar a la de la Tercera Partida que, aunque se puede apreciar con anterioridad a la confección y difusión de la obra alfonsí, parece que tuvo una participación residual.

---

[388] Calleja-Puerta y Felpeto Cueva, "Los documentos de compraventa en Asturias", 571; Justo Martín y Lucas Álvarez, *Universidade de Santiago de Compostela*, nº 96; Portela Silva, *Catedral de Lugo (I)*, nº 52.

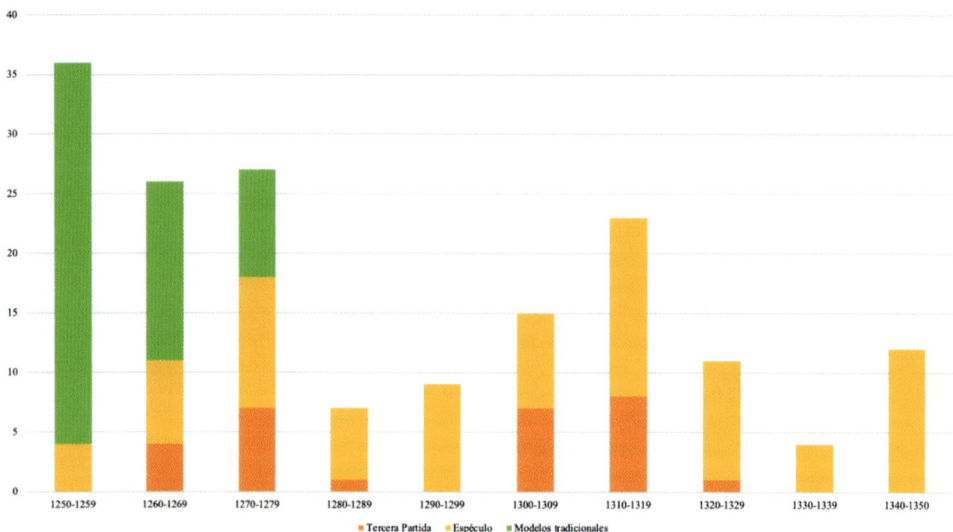

Gráfico 31. La *completio* notarial en Orense.

Desde 1250, el modelo más habitual en Burgos parece que fue aquel que tiene más similitudes con el Espéculo, aunque es probable que durante los primeros años del notariado burgalés aún se desarrollaran con frecuencia las suscripciones tradicionales. A partir de los años ochenta del siglo XIII comenzó a introducirse un formulario más complejo, si bien no se asentó definitivamente en el periodo de estudio. Esta situación pudo deberse, según Rojas Vaca, a la propia profesionalización que fue caracterizando a la institución, y que también tuvo su efecto en la suscripción notarial con la incorporación de cada vez más elementos[389]. Sin embargo, es probable que ese mayor desarrollo de la *completio* tenga relación con la asimilación de los preceptos alfonsíes, pues se ha podido detectar el empleo de la expresión *assí commo nuestro sennor el rey manda* en algunas suscripciones[390]. Esta mención, que Bono Huerta asoció al conocimiento del Espéculo en la Corona, también pudo estar relacionada con la Tercera Partida, pues podría hacer referencia a la aposición del signo y al modo en el que hubo de actuar el escribano público, redactando el documento por mandato o ruego de los otorgantes y con la validación de su signo[391].

---

389 Rojas Vaca, "Los inicios del notariado público", 388-89.

390 Castro Garrido y Lizoain Garrido, *Huelgas de Burgos (1284-1306)*, nº 58; Pereda Llarena, *Catedral de Burgos (III)*, nº 86, 104, 133, 142, 238, 297; *Documentación de la catedral de Burgos. Vol. IV (1294-1316)* (Burgos: J.M. Garrido Garrido, 1984), nº 316, 324, 355.

391 Bono Huerta, "La práctica notarial", 494-96.

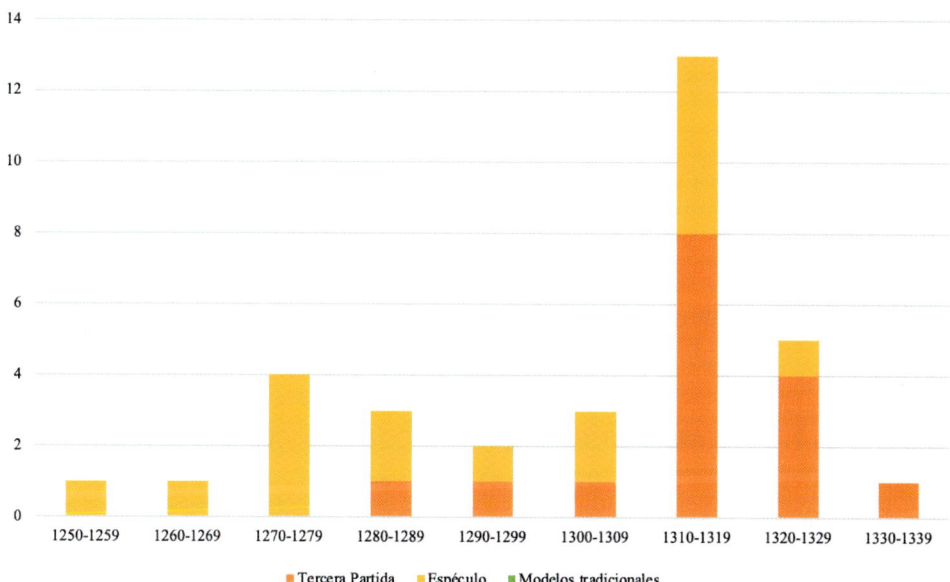

Gráfico 32. La *completio* notarial en Burgos.

En el centro peninsular se han podido observar procesos similares, salvo en algunas poblaciones que tuvieron un estilo muy marcado durante el periodo en estudio. En Toledo, la excepcionalidad de su institución notarial provocó que los escribanos públicos toledanos tuvieran un modelo de suscripción muy estable durante el periodo de estudio, pero, a su vez, muy diferente al contemplado en el resto de la Corona. La *completio* notarial estuvo constituida por el nombre del escribano público, frecuentemente acompañada de su filiación y, a partir del cambio de siglo, de su oficio como *escribano*, sin indicar su condición de público. Todo ello era cerrado con la declaración de presencialidad del negocio y su suscripción en aljamiado, en vez de la imposición de un signo personal del escribano público[392]. Esta estructura es lo que ha hecho asociar este modelo de suscripción, si bien particular y característico de la ciudad del Tajo y de su zona de influencia, con la estructura que se propuso en el Espéculo, más sencilla que la establecida en la Tercera Partida, y en la que la mayor diferencia la protagoniza la ausencia del signo notarial y la aparición de su firma en aljamiado, es decir, con caracteres árabes, pero en lengua romance[393].

---

392 Esta anomalía está relacionada con la circunstancia particular de que en Toledo eran tres los escribanos públicos que debían encargarse de suscribir el negocio, pues Fernando IV permitió al notariado de la ciudad mantener sus costumbres en la redacción documental en 1295. Hilario Rodríguez de Gracia, *Escribanos públicos y del número en Toledo (1550-1770)* (Toledo: Real Academia de Bellas Artes y Ciencias Históricas de Toledo, 2023), 40-44.

393 *Yo, Dieg Alffonso, fijo de Alffonso Domínguez e escriuano en Toledo, so testigo (suscripción en árabe). Yo, García Esteuan, escriuano, so testigo (suscripción en árabe). Yo, Johan Díaz, escriuano, so testigo (suscripción en árabe).* ACT,

Sevilla fue otra de las ciudades que mantuvo el modelo del Espéculo frente al que se había recogido en la Tercera Partida. Mientras la suscripción tradicional, mayoritaria durante las primeras décadas, decreció a partir de 1270, el modelo exigido por el Espéculo se terminó por consolidar como la fórmula predominante de las suscripciones notariales sevillanas. Ello hace pensar que, al igual que sucedió con la relación de testigos, en la ciudad se prefirió el modelo ofrecido por el Espéculo al de la Tercera Partida, al menos durante la segunda mitad del siglo XIII[394]. A partir del cambio de siglo la suscripción notarial pudo reforzarse con la testificación del notario en la entrega de cantidades en una transacción, expresado con asiduidad en la *completio*.

9.3. El empleo de elementos de validación complementarios

En la normativa alfonsí se estableció el modelo de validación del documento notarial a través de la suscripción y el signo notarial[395]. Sin embargo, existieron otros métodos de validación tradicionales que van a continuar durante los primeros tiempos del notariado romanista como elementos de validación complementarios, aunque, paulatinamente, van a entrar en un proceso de decadencia en la documentación notarial[396].

9.3.1. Los sellos

Los sellos fueron uno de los elementos de validación más comunes en la Edad Media. Su uso se empezó a extender en los años finales del siglo XII, cuando las instituciones religiosas y los señores laicos del reino comenzaron a poseer un sello personal con el que validar las cartas, a imitación de lo que había hecho previamente la Corona[397]. Sin embargo, con la implantación del notariado público el sello perdió su función en el documento entre particulares en favor de la suscripción y el signo notarial, si bien continuó utilizándose como refuerzo jurídico[398].

Capitular, Z.11.B.3.28.

394 Ostos Salcedo, "La compraventa de Sevilla", 76-77.

395 Ostos Salcedo, "La validación", 30-32.

396 Ostos Salcedo, "El documento notarial castellano", 532-33.

397 Bono Huerta, *Derecho notarial español (I.1)*, 135-36.

398 Manuel Lucas Álvarez, "El notariado en Galicia antes de 1300: una aproximación", en *Notariado público y documento privado: de los orígenes al siglo XIV. Actas del VII Congreso Internacional de Diplomática, Vol. I* (Valencia: Generalitat Valenciana, Consellería de Cultura, Educació i Esport, 1986), 369.

En su normativa, Alfonso X trató de regular el uso de los sellos en la documentación, y el Fuero Real ya estipuló que el documento sellado debía continuar siendo válido[399]. De igual forma, el Espéculo dispuso que, entre los documentos auténticos que podían actuar como medio de prueba, se encontraba el documento sellado[400]. Sin embargo, en ambas normativas no dice nada sobre su uso en la documentación notarial[401].

A partir de estas premisas, parece que la aposición del sello quedó relacionada con un refuerzo en la validación de cara al uso del documento como prueba. Por su condición, aquellos documentos notariales que llevaron sello van a estar relacionados con la intervención de individuos que pudieron poseerlo, principalmente obispos, dignidades capitulares, nobles o concejos, aunque también pudieron pedir su uso otros individuos como refuerzo *ad confirmationem*[402].

A través del análisis de los anuncios de validación se han podido localizar varias decenas de ventas en las que se utilizaron los sellos como refuerzo jurídico. En la corroboración quedó constancia de la aposición de sellos o la súplica a una institución para que pusiera el suyo, en ocasiones combinando ambas situaciones. Así ocurrió en una venta de 1265 entre el cabildo de clérigos parroquiales de Ávila y el obispo de la ciudad, fray Domingo Suárez, en la que el capítulo puso su sello y el prelado abulense solicitó al cabildo catedralicio la aposición del suyo, a cuya petición se sumaron los clérigos parroquiales[403]. Relacionado con ello, en ocasiones se necesitó la intervención de un tercero para que pusiera su sello. En 1260, Fernando Suárez, caballero de Quiñones del Río (León), vendió al deán leonés, el maestre Juan, unas casas cercanas a la catedral por 500 maravedís. Para reforzar su validez, el caballero rogó al concejo de León que impusiera su sello[404].

Otra situación por la que se puede localizar la aposición del sello, posiblemente la más frecuente, está relacionada con la actuación en el negocio de un individuo que poseyera un sello particular, como sucedió en 1321, cuando Lope Mendoza, señor de Llodio, vendió al concejo de Salvatierra unos solares en Albizu y, para reforzar el contrato, puso su sello[405].

399 FR. II, Tít. IX, Ley VIII.

400 Esp. IV, Tít. XII, Ley LI.

401 Bono Huerta, *Derecho notarial español (I.1)*, 241-44.

402 Bono Huerta, "La práctica notarial", 498.

403 Barrios García, *Catedral de Ávila*, nº 90.

404 Ruiz Asencio y Martín Fuertes, *Catedral de León (VIII)*, nº 2221.

405 Esperanza Iñurreta Ambrosio, *Colección diplomática del Archivo Municipal de Salvatierra (1256-1400)* (San Sebastián: Eusko-Ikaskuntza, 1989), nº 41.

Cuando las partes requirieron la expedición de dos cartas, cada ejemplar iba sellado con el sello de la parte contraria con el objetivo de fortalecer el pacto al que se había llegado[406]. En 1300, cuando la abadía de los Cuerpos Santos de Santander vendió a Domingo Pérez de Pámanes y a su mujer, Elvira Pérez, una viña en Parterrío, en el anuncio de validación se expresó el ruego a Pedro García, escribano público del rey en Santander, para que redactase dos cartas, selladas con los respectivos sellos de los participantes[407].

9.3.2. El sistema de letras partidas por ABC y los originales múltiples

El quirógrafo o la carta partida por ABC fue un elemento de validación, basado en la redacción de originales múltiples, que se difundió por Castilla durante los siglos XII y XIII, generalmente asociado a contratos de contenido sinalagmático en los que las dos partes se comprometían al cumplimiento del negocio, como permutas, contratos agrícolas o arrendamientos[408]. Si bien fue una validación propia de tiempos plenomedievales, el Espéculo determinó que los originales múltiples debían continuar utilizándose en las permutas y los depósitos[409]. Lo mismo ocurrió en la Tercera Partida, donde se mantuvo la existencia de tipos documentales, como los contratos de censo, en los que se podía realizar una expedición mediante originales múltiples. Sin embargo, el sistema tradicional de cartas partidas sí se eliminó de la nueva normativa alfonsí[410].

Es por ello por lo que, a pesar de su importancia como sistema de validación en tiempos prenotariales, su uso decayó con la aparición de la institución notarial, desapareciendo de forma más acelerada en tipologías que no incluían dichas obligaciones bilaterales, como la donación o la propia venta[411], aunque sobrevivió hasta el siglo XV en algunas zonas del norte peninsular[412]. En Oviedo las cartas partidas desaparecieron en los años treinta del siglo XIV[413], mientras que en Se-

---

406 Bono Huerta, *Introducción a la Diplomática notarial*, 51.

407 Lorena Fernández González, *Archivo de la Catedral de Santander (ss. XII-XVI)* (Santander: Fundación Marcelino Botín, 1994), nº 30.

408 Su nombre en castellano proviene del corte, generalmente quebrado, que se hacía en uno de los extremos del documento donde se añadía una palabra o las letras ABC. José Bono Huerta, "Modos textuales de transmisión del documento notarial medieval," *Estudis històrics i documents dels arxius de protocols*, núm. 13 (1995): 89; María Encarnación Martín López, "La carta partida como forma de validación," *Estudis Castellonencs*, núm. 6 (1994-1995): 842-44.

409 Esp. IV, Tít. XII, Leyes XXXVI y XLIII.

410 P. III, Tít. XVIII, Ley LXIX.

411 Lucas Álvarez, "El notariado en Galicia", 368-69.

412 Bono Huerta, *Introducción a la Diplomática notarial*, 51.

413 Rodríguez Fueyo, "Notariado público en Oviedo (I)", 190-94.

villa el último ejemplar data de 1340[414]. Su empleo se debió mantener en algunas zonas rurales de la Corona, donde el peso de la tradición escrituraria permitió su supervivencia en tipos documentales como la compraventa. Ejemplo de ello es que, en 1269, Pedro de Castilloblanco y sus hijos vendieron a don Gil, obispo de El Burgo de Osma, un heredamiento en Gómara por 1.150 maravedís. El documento se redactó tres veces para sajar en las letras y entregar a cada una de las partes, aunque ese proceso no se llegó a producir, y en la actualidad se conservan las tres ventas unidas[415].

Mientras las letras partidas desaparecieron, la expedición de originales múltiples se mantuvo, y se han podido identificar casi una decena de documentos de venta donde se evidencia la necesidad de expedir más de un original. La producción de originales múltiples en las ventas estuvo eminentemente condicionada por el contenido del documento, lo que hace que las razones de su expedición sean muy variadas [416]. Uno de los motivos pudo ser la participación de albaceas testamentarios con el objetivo de subsanar deudas o pagar las mandas del difunto, como ocurrió en 1321, cuando los mansesores de Nuño Díaz, arcediano de Talavera, vendieron las propiedades del canónigo en Hontalba y Villeriche *para los dar en paga de la manda del sobredicho arçidiano e de las debdas que él deuíe*[417]. Otra finalidad pudo estar relacionada con el pago diferido de un bien, cuya expedición múltiple permitiría al acreedor asegurar que el resto del precio sería finalmente pagado. Así, en 1309, cuando el caballero Alvar Pérez compró unas propiedades al monasterio de Moreruela (Zamora), pagó inicialmente 800 maravedís, a la que debería añadir un segundo pago en 1310 de 1.200 maravedís y, además, se obligaba a devolver al monasterio los bienes a su muerte[418].

Finalmente, también se pudo dar la situación en la que no fuese necesaria la expedición múltiple, pero se dejó constancia de la posibilidad de redactar más de un documento si fuera necesario:

> *E de todo esto, nos (…) rogamos e mandamos a Velasco Pérez, escriuano público de Valladolit, que faga ende carta pública paral dicho monesterio, la más firme que pudiere, vna o más, quantas mester ovieren*[419].

---

414 Ostos Salcedo y Pardo Rodríguez, *Notarios de Sevilla en el siglo XIV*, n° 142.

415 ACBO, *Siglo XIII*, n° 18.

416 Ostos Salcedo, "El documento notarial castellano", 524-33.

417 AHNob, *Baena*, Car. 344, n° 34.

418 Isabel Alfonso Antón, *La colonización cisterciense en la Meseta del Duero: El dominio de Moreruela (siglos XII-XIV)* (Zamora: Instituto de Estudios Zamoranos "Florián de Ocampo", 1986), n° 198.

419 Castro Garrido, *Huelgas de Burgos (1307-1321)*, n° 327.

10. CONCLUSIONES

Mientras la institución notarial se asentó rápidamente durante la segunda mitad del siglo XIII en la Corona de Castilla, la renovación de los formularios y su adaptación a las nuevas circunstancias y tipologías documentales encontraron ritmos muy dispares de asentamiento y asimilación.

A través del estudio de las compraventas se ha podido comprobar que existieron algunas fórmulas que, por las nuevas condiciones de la institución notarial y de las exigencias de los particulares, perdieron su lugar en la sociedad castellana de la segunda mitad del siglo XIII y no fueron incorporadas a la legislación alfonsí. Sin embargo, el proceso de desaparición de estos esquemas estuvo muy condicionado por la tradición documental y los modelos de escrituración establecidos en cada territorio. Así, las notarías del noroeste peninsular fueron más retardatarias a la hora de abandonar formas que habían caído en desuso décadas atrás en otros territorios de la Corona, perviviendo hasta el siglo XIV. Por el contrario, las fórmulas tradicionales perdieron su importancia en su avance hacia el sur y desaparecieron en fechas cada vez más tempranas. Así sucedió con la data del *regnante*, superviviente durante el Trescientos en lugares como Lugo, pero que paulatinamente desapareció en fechas cada vez más tempranas en su avance hacia el sur, hasta no constatarse su uso en ciudades como Sevilla.

Mientras los modelos tradicionales continuaron utilizándose en una parte de la Corona, la introducción de las fórmulas y disposiciones del Espéculo y de la Tercera Partida comienzan a vislumbrase en el territorio. Empero, estas no lo hicieron de una manera escalonada o uniforme, y algunas se asentaron con mayor rapidez que otras. Es el caso del modelo notificativo *Sepan quantos*, que tuvo una asimilación bastante temprana y que pudo deberse, más allá de la propagación de los formularios normativos, a la influencia que emanaba la cancillería real a partir de su praxis documental. Ello permite explicar la difusión de fórmulas que no se contenían en la normativa alfonsí, como la notificación *Conocida cosa sea*. Sin embargo, no todas las formas tuvieron las mismas etapas de difusión y algunas de ellas, como la eliminación de los números romanos de la data crónica o la fijación de un número fijo de testigos, fueron más retardatarias, teniendo que esperar hasta mediados del siglo XIV para observar una asimilación general de los preceptos normativos.

También existieron algunas formas que se adaptaron a los formularios del Espéculo o de la Tercera Partida, lo que hace pensar en una difusión mayor de un esquema u otro en algunas poblaciones. El ejemplo que mejor visibiliza esta cuestión son los modos de testificación de ciudades como Córdoba o Sevilla en comparación con otras poblaciones como Ávila. Asimismo, se ha podido observar que algunas de las fórmulas del Espéculo o la Tercera Partida pudieron estar influenciadas por realidades que ya existían en la Corona. El ejemplo más paradigmático quizás lo protagonicen las variaciones en las suscripciones notariales, pues en lugares como Orense se han podido apreciar esquemas similares a los que posteriormente incorporaron los formularios alfonsíes, lo que podría estar relacionado con la conciencia por parte de las personas que elaboraron la legislación de las realidades existentes en Castilla, y la decisión de adoptar algunas de sus fórmulas a los modelos de la normativa. Además, en algunos lugares la difusión de los formularios alfonsíes no significó una adaptación estricta de los mismos, y se modificaron algunas fórmulas para adaptarlas a los particularismos regionales de cada territorio, como ocurrió con la cláusula de saneamiento en Cuenca o Toledo, si bien en la sede primada terminó por adaptarse a los modelos alfonsíes durante la primera mitad del siglo XIV.

Finalmente, existieron determinadas fórmulas que se utilizaron en la documentación entre particulares a pesar de no haber sido recogidas en la normativa alfonsí, lo que trasluce la preocupación general de la población por proteger ciertos derechos de las personas. El ejemplo más evidente lo representan las renuncias específicas que, aunque delatan el conocimiento del Derecho por parte de los escribanos públicos, su generalización muestra la necesidad social de su inclusión en las compraventas. Entre las más comunes estaban la renuncia a la *non numerata pecunia*, la ley de recepción del pago, las leyes de prueba y paga o la ley del engaño, que aparecen desde las primeras décadas de la institución. De igual forma, los anuncios de validación, que tampoco fueron recogidos por la normativa, también frecuentaron la documentación entre particulares, salvo en territorios como Galicia, donde su uso fue episódico.

En conclusión, la adaptación de los formularios entre 1250 y 1350 fue un fenómeno inacabado en el que algunos esquemas se iban introduciendo en las ventas, mientras que otros tardaron en asentarse. Todo parece cambiar a partir de 1348 con el Ordenamiento de Alcalá de Henares, y a partir de entonces la estabilización del formulario pudo ser más eficaz de lo que había sido durante el primer siglo de vida de la institución notarial.

FUENTES Y BIBLIOGRAFÍA

11.1. Fuentes normativas

Coronas González, Santos Manuel. *Fuero Juzgo. Edición de la Real Academia de la Española, 1815.* Madrid: Agencia Estatal Boletín Oficial del Estado, 2015.

Pérez Martín, Antonio. *Fuero Real de Alfonso X el Sabio.* Madrid: Agencia Estatal Boletín Oficial del Estado, 2015.

———. *Opúsculos del Rey Sabio: El Espéculo. Edición de la Real Academia de la Historia (1836).* Madrid: Agencia Estatal Boletín Oficial del Estado, 2018.

Portonariis, Andrea de. *Las Siete Partidas. I. Primera Partida y Segunda Partida.* Salamanca, 1555.

———. *Las Siete Partidas. III. Tercera Partida y Qvarta Partida.* Salamanca, 1555.

———. *Las Siete Partidas. III. Quinta Partida, Sesta Partida y Setena Partida.* Salamanca, 1555.

11.2. Fuentes documentales manuscritas

Archivo de la Catedral de El Burgo de Osma (ACBO)
- *Siglo XIII*, n°. 18.
- *Siglo XIV*, n°. 3, 6, 9.

Archivo de la Catedral de Cuenca (ACCu).
- C. 6, n°. 17, 23.
- C. 7, n°. 5-7, 10, 14.
- C. 8, n°. 2, 4, 19.
- C. 9, n°. 5, 12, 17, 18.

- C. 10, nº. 4, 10.

- C. 11, nº. 2, 12.

- C. 13, nº. 5, 23.

- C. 14, nº. 1, 8, 9, 21, 23-25.

- C. 15, nº. 2, 5-7, 12, 13, 15, 18-20, 25, 26.

- C. 16, nº. 4, 5, 7, 8, 12-14, 17.

- C. 17, nº. 5, 14.

- C. 18, nº. 20, 22, 26, 40.

- C. 19, nº. 8, 14, 23.

- C. 20, nº. 1, 13.

Archivo de la Catedral de Sigüenza (ACSig).

- *Particulares*, nº. 75, 83, 84, 101.

Archivo Capitular de Toledo (ACT).

- *Capitular*, A.2.A.1.2, A.2.D.1.6, A.2.D.1.16, A.2.G.1.6a, A.3.A.1.22g, A.3.A.1.22h, A.4.M.1.7, A.4.Z.1.1, A.5.B.1.6, A.10.G.1.12a, A.10.G.3.1, A.10.G.3.4, A.10.O.2.1, A.11.G.1.5, A.11.L.1.7.

- *Capitular*, E.7.I.1.11, E.7.K.2.10, E.7.L.1.1b, E.8.B.1.7, E.8.C.1.2, E.8.E.1.8, E.8.E.1.30, E.8.K.1.4, E.9.C.1.12, E.9.C.2.16, E.9.E.1.2, E.10.B.1.1, E.11.A.1.4, E.11.A.1.11, E.11.A.2.4, E.12.B.1.17, E.12.C.1.4, E.12.D.1.6, E.12.M.1.7.

- *Capitular*, I.3.I.1.1-I.3.I.1.4, I.3.I.1.8, I.3.I.1.9, I.4.A.1.10, I.4.A.1.12, O.1.B.1.1.

- *Capitular*, O.1.E.1.7, O.1.E.1.10b, O.2.D.1.10, O.2.M.1.1, O.4.E.1.6, O.4.F.1.31, O.5.D.1.3, O.7.B.1.1, O.7.C.1.10-O.7.C.1.14, O.10.A.1.8-O.10.A.1.10, O.10.A.1.25, O.10.A.1.49, O.10.A.1.60, O.10.A.2.17, O.10.B.1.21.

- *Capitular*, V.4.A.1.6, V.4.A.1.9, V.4.A.1.10, V.8.B.1.9, V.9.H.1.6, V.10.A.3.2.

- *Capitular*, X.3.A.3.5, X.3.A.4.4, X.3.A.4.9, X.3.A.6.1, X.3.A.6.6, X.6.H.1.4, X.11.A.1.3.

- *Capitular*, Z.5.C.2.1, Z.6.A.1.6, Z.7.C.1.1a, Z.7.C.1.2, Z.7.C.1.5, Z.7.C.1.6, Z.9.I.1.3, Z.9.I.1.6, Z.10.B.1.1, Z.11.B.3.7, Z.11.B.3.19, Z.11.B.3.26, Z.11.B.3.28.

Archivo Histórico de la Nobleza (AHNob).

- *Agoncillo*, Car. 347, n°. 5.

- *Baena*, Car. 320, n°. 13.

- *Baena*, Car. 344, n°. 34.

- *Cedillo*, Car. 1, n°. 2.

- *Fernán Núñez*, Car. 430, n°. 10.

- *Frías*, Car. 476, n°. 2.

- *Osuna*, Car. 76, n°. 3.

- *Osuna*, Car. 1826, n°. 3.

Archivo de la Catedral de Zamora (ACZ).

- N°. 14/2, 16/I/10, 16/I/11bis, 16/I/14, 18/4.

Archivo Municipal de Cáceres (AMunCa).

- C. 2, Exp. 4.

11.3. Fuentes documentales publicadas

Álamo, Juan del. *Colección diplomática de San Salvador de Oña. T. II (1215-1283)*. Madrid: CSIC, 1950.

Alfonso Antón, Isabel. *La colonización cisterciense en la Meseta del Duero: El dominio de Moreruela (siglos XII-XIV)*. Zamora: Instituto de Estudios Zamoranos "Florián de Ocampo", 1986.

Anasagasti Valderrama, Ana María y Laureano Rodríguez Liáñez. *Niebla y su tierra en la Baja Edad Media. Vol. I. Historia y Documentos*. Huelva: Diputación Provincial de Huelva. Servicio de Publicaciones, 2006.

Barrios García, Ángel. *Documentación medieval de la Catedral de Ávila*. Salamanca: Ediciones de la Universidad de Salamanca, 1981.

Burón Castro, Taurino. *Colección documental del monasterio de Gradefes. I (1054-1299)*. León: Centro de Estudios e Investigación "San Isidoro", 1998.

CAL PARDO, Enrique. *Colección diplomática do Arquivo da Catedral de Mondoñedo.* Santiago de Compostela: Consello da Cultura Galega, 1999.

CARRASCO LAZARENO, María Teresa. "La documentación de Santo Domingo el Real de Madrid (1284-1416). II. Colección diplomática". Tesis doctoral. Universidad Autónoma de Madrid, 1994. http://hdl.handle.net/10486/6259.

CASTRO GARRIDO, Araceli. *Documentación del monasterio de Las Huelgas de Burgos (1307-1321).* Burgos: J.M. Garrido Garrido, 1987.

——. *Documentación del monasterio de Las Huelgas de Burgos (1322-1328).* Burgos: J.M. Garrido Garrido, 1987.

CASTRO GARRIDO, Araceli y José Manuel LIZOAIN GARRIDO. *Documentación del monasterio de Las Huelgas de Burgos (1284-1306).* Burgos: J.M. Garrido Garrido, 1987.

CASTRO TOLEDO, Jonás. *Colección diplomática de Tordesillas. I. 909-1474.* Valladolid: Instituto Cultural Simancas, 1981.

——. *Documentos de la Colegiata de Valladolid (1084-1300).* Valladolid: Diputación de Valladolid, 2010.

CAVERO DOMÍNGUEZ, Gregoria y María Encarnación MARTÍN LÓPEZ. *Colección documental de la Catedral de Astorga. II (1126-1299).* León: Centro de Estudios e Investigación "San Isidoro", 2000.

CAVERO DOMÍNGUEZ, Gregoria, César ÁLVAREZ ÁLVAREZ y José Antonio MARTÍN FUERTES. *Colección documental del Archivo Diocesano de Astorga.* León: Centro de Estudios e Investigación "San Isidoro", 2001.

CENTENO CARNERO, Gloria. *Real Monasterio de Santa Clara de Sevilla. Colección diplomática (1264-1569).* Sevilla: Ayuntamiento de Sevilla. Instituto de la Cultura y las Artes, 2017.

CERRO HERRANZ, María Filomena. *Documentación del monasterio de Guadalupe (siglo XIV).* Badajoz: Diputación Provincial de Badajoz, 1987.

CHACÓN GÓMEZ-MONEDERO, Francisco Antonio. *Colección diplomática del Concejo de Cuenca (1190-1417).* Cuenca, Diputación Provincial de Cuenca, 1998.

CORIA COLINO, Jesús y Santiago FRANCIA LORENZO. *Reinado de Fernando IV (1295-1312).* Palencia: Aretusa, 1999.

DONO LÓPEZ, Pedro. "Colección de documentos en pergamiño do mosteiro de Santa Comba de Naves. Introducción, edición e índices". Tesis doctoral. Universidad de Santiago de Compostela, 2010. http://hdl.handle.net/10347/2868.

ENJO BABÍO, María Ascensión. *Colección documental del Archivo de la Catedral de Orense (s. XIV)*. Santiago de Compostela: Consejo Superior de Investigaciones Científicas (CSIC), 2018.

ENRÍQUEZ FERNÁNDEZ, Javier, Concepción HIDALGO DE CISNEROS AMESTOY, Araceli LORENTE RUIGÓMEZ y Adela MARTÍNEZ LAHIDALGA. *Colección documental del monasterio de Santo Domingo de Lequeitio (1289-1520) y Santa Ana de Elorrio (1480-1520)*. San Sebastián: Eusko-Ikaskuntza, 1993.

FERNÁNDEZ FLÓREZ, José Antonio. *Colección diplomática del Monasterio de Sahagún (857-1300). Vol. V (1200-1300)*. León: Centro de Estudios e Investigación "San Isidoro", 1994.

FERNÁNDEZ GONZÁLEZ, Lorena. *Archivo de la Catedral de Santander (ss. XII-XVI)*. Santander: Fundación Marcelino Botín, 1994.

FERNÁNDEZ MIER, Margarita. *Documentos del monasteriu de Balmonte (sieglos XIV y XV)*. Oviedo: Academia de la Llingua Asturiana, 2001.

FERNÁNDEZ DE VIANA Y VIEITES, José Ignacio. "La colección diplomática del monasterio de Santa María de Penamayor". Tesis doctoral. Universidad de Santiago de Compostela, 1971.

——. *Colección diplomática del monasterio de Santa María de Ferreira de Pantón*. Lugo: Diputación Provincial de Lugo, 1994.

GARCÍA ANDREVA, Fernando. *Los documentos del Archivo Municipal de Logroño (1268-1351): Edición y estudio lingüístico*. Logroño: Instituto de Estudios Riojanos, 2003.

GARCÍA DÍAZ, Isabel. *Documentos del siglo XIV: Archivo de la Catedral de Murcia*. Murcia: Real Academia Alfonso X el Sabio, 1989.

GARCÍA TURZA, Francisco Javier. *Documentación medieval del monasterio de San Prudencio de Monte Laturce (ss. X-XV)*. Logroño: Instituto de Estudios Riojanos, 1992.

GUADALUPE BERAZA, María Luisa, José Luis MARTÍN MARTÍN, Ángel VACA LORENZO y Luis Miguel VILLAR GARCÍA. *Colección documental de la Catedral de Salamanca. Vol. I (1068-1300)*. León: Centro de Estudios e Investigación "San Isidoro", 2010.

Iñurrieta Ambrosio, Esperanza. *Colección diplomática del Archivo Municipal de Salvatierra (1256-1400)*. San Sebastián: Eusko Ikaskuntza, 1989.

Iradiel Murugarren, Paulino. "Bases económicas del Hospital de Santiago de Cuenca: tendencias del desarrollo económico y estructura de la propiedad agraria." *Anuario de Estudios Medievales*, no. 11 (1981): 181-246.

Justo Martín, María Xosé y Manuel Lucas Álvarez. *Fontes documentais da Universidade de Santiago de Compostela: pergameos da Serie BENS do Arquivo Histórico Universitario (años 1237-1537)*. Santiago de Compostela: Consello da Cultura Galega, 1991.

Larrañaga Zulueta, Miguel y José Ángel Lema Pueyo. *Colección de documentos medievales del convento de San Bartolomé (San Sebastián) (1250-1515)*. San Sebastián: Eusko-Ikaskuntza, 1995.

León Tello, Pilar. *Judíos de Toledo*. Madrid: CSIC, Instituto B. Arias Montano, 1979.

Lera Maíllo, José Carlos de. *Catálogo de documentos medievales de la catedral de Zamora*. Zamora: Diputación Provincial de Zamora-Instituto de Estudios Zamoranos "Florián de Ocampo", 1999.

Lizoain Garrido, José Manuel. *Documentación del monasterio de Las Huelgas de Burgos (1231-1262)*. Burgos: J.M. Garrido Garrido, 1985.

——. *Documentación del monasterio de Las Huelgas de Burgos (1263-1283)*. Burgos: J.M. Garrido Garrido, 1987.

Loperráez Corvalán, Juan. *Colección diplomática citada en la descripción histórica del Obispado de Osma*. Madrid: Imprenta Real, 1788.

López Pita, Paulina. *Documentación medieval de la Casa de Velada. Instituto Valencia de Don Juan, Vol. I (1193-1393)*. Ávila: Diputación Provincial de Ávila. Instituto Gran Duque de Alba, 2002.

López Sangil, José Luis. "El monasterio cisterciense de Santa María de Monfero en su documentación (1088-1300)." *Nalgures*, no. 16 (2020): 9-680.

López de Silanes, Ciriaco y Eliseo Sáinz Ripa. *Colección diplomática calceatense. Archivo Catedral (1125-1397)*. Logroño: Instituto de Estudios Riojanos, 1985.

——. *Colección diplomática calceatense. Archivo Municipal (1207-1498)*. Logroño: Instituto de Estudios Riojanos, 1989.

MARCOS DÍEZ, David. "La abadía de Santa María de Husillos: Estudio y colección documental (904-1608)". Tesis doctoral. Universidad de Valladolid, 2009. http://uvadoc.uva.es/handle/10324/857.

MARTÍN FUERTES, José Antonio, María del Carmen RODRÍGUEZ LÓPEZ y María Jesús PRADAL GARCÍA. *Colección documental del Archivo Municipal de León (1219-1400)*. León: Centro de Estudios e Investigación "San Isidoro", Archivo Histórico Diocesano de León, 2000.

MARTÍN MARTÍN, José Luis. *Documentación medieval de la Iglesia Catedral de Coria*. Salamanca: Ediciones Universidad de Salamanca, 1989.

MARTÍN PRIETO, Pablo. "Colección diplomática del monasterio de Santa Clara de Alcocer en la Edad Media. Parte I (1205-1325)." *De Medio Aevo* 1, no. 1 (2012): 159-198.

——. "Colección diplomática del monasterio de Santa Clara de Alcocer en la Edad Media. Parte II (1326-1420)." *De Medio Aevo* 1, no. 2 (2012): 147-180.

MÉNDEZ PÉREZ, José, Pablo Santiago OTERO PIÑEYRO MASEDA y Miguel ROMANÍ MARTÍNEZ. *El monasterio de San Salvador de Chantada (siglos XI-XVI). Historia y documentos*. Santiago de Compostela: CSIC. Instituto de Estudios Padre Sarmiento, 2016.

OSTOS SALCEDO, Pilar y María Luisa PARDO RODRÍGUEZ. *Documentos y notarios de Sevilla en el siglo XIII*. Madrid: Fundación Matritense de Notariado, 1989.

OTERO PIÑEYRO MASEDA, Pablo Santiago. *Colección diplomática del Archivo de la Casa de Otero de Quiroga (siglos XIII-XVIII)*. Lugo: Diputación Provincial de Lugo, 2007.

PALACIO SÁNCHEZ-IZQUIERDO, María Luisa. "Colección diplomática del monasterio de San Zoilo de Carrión (del siglo XI al XV)". Tesis doctoral. Universidad Complutense de Madrid, 2015. https://hdl.handle.net/20.500.14352/40829.

PEREDA LLARENA, Francisco Javier. *Documentación de la catedral de Burgos. Vol. III (1254-1293)*. Burgos: J. M. Garrido Garrido, 1984.

——. *Documentación de la catedral de Burgos. Vol. IV (1294-1316)*. Burgos: J.M. Garrido Garrido, 1984.

Portela Silva, María José. *Documentos da Catedral de Lugo. Século XIV, Vol. I*. Santiago de Compostela: Consello da Cultura Galega, 2007.

Pretel Martín, Aurelio. *Alcaraz y su Tierra en el siglo XIII*. Albacete: Instituto de Estudios Albacetenses 'Don Juan Manuel', 2008.

Rey Caíña, José Ángel. "Colección diplomática de Ferreira de Pallares". Tesis doctoral. Universidad de Granada, 1985. http://hdl.handle.net/10481/14308.

Rivera Garretas, María Milagros. *La encomienda, el priorato y la villa de Uclés en la Edad Media (1174-1310): formación de un señorío de la Orden de Santiago*. Madrid: Centro Superior de Investigaciones Científicas (CSIC), 1985.

Rodríguez Molina, José. *Colección documental del Archivo Municipal de Úbeda. II. (s. XIV)*. Granada: Editorial Universidad de Granada, 1994.

Romaní Martínez, Miguel. *A colección diplomática do mosteiro cisterciense de Santa María de Oseira (Orense). Vol. I (1025-1310) (I)*. Santiago de Compostela: Tórculo, 1989.

——. *A colección diplomática do mosteiro cisterciense de Santa María de Oseira (Orense), Vol. II (1025-1310) (II)*. Santiago de Compostela: Tórculo, 1989.

Ruiz Asencio, José Manuel y José Antonio Martín Fuertes. *Colección documental del Archivo de la Catedral de León. Vol. VIII (1230-1269)*. León: Centro de Estudios e Investigación "San Isidoro", 1993.

——. *Colección documental del Archivo de la Catedral de León. Vol. IX (1269-1300)*. León: Centro de Estudios e Investigación "San Isidoro", 1994.

Ruiz Asencio, José Manuel, Irene Ruiz Albi y Mauricio Herrero Jiménez. *Colección documental del monasterio de San Román de Entrepeñas (940-1608). Colección documental del monasterio de San Miguel de Escalada (940-1605)*. León: Centro de Estudios e Investigación "San Isidoro", 2000.

Sáinz Ripa, Eliseo. *Colección diplomática de las Colegiatas de Albelda y Logroño, T. I (924-1399)*. Logroño: Instituto de Estudios Riojanos, 1981.

Solís Rodríguez, Carmelo. "Archivo de la Catedral de Badajoz. Colección de Pergaminos Medievales (I)". En *Memorias de la Real Academia de Extremadura de las Letras y Artes, Vol. IV*, 623-699. Trujillo: Real Academia de Extremadura de las Letras y Artes, 1998.

——. "Archivo de la Catedral de Badajoz. Colección de Pergaminos Medievales (II)". En *Memorias de la Real Academia de Extremadura de las Letras y Artes,*

Vol. V, 529-745. Trujillo: Real Academia de Extremadura de las Letras y Artes, 2002.

TORRES FONTES, Juan. *Documentos del siglo XIII*. Murcia: Real Academia Alfonso X el Sabio, 1969.

——. *Documentos para la Historia Medieval de Cehegín*. Murcia: Real Academia Alfonso X el Sabio, 1982.

VACA LORENZO, Ángel. *Documentación medieval del monasterio de Santa Clara de Villalobos (Zamora)*. Salamanca: Ediciones de la Universidad de Salamanca, 1991.

VAQUERO DÍAZ, María Beatriz. *Colección diplomática do mosteiro de San Salvador de Celanova (ss. XIII-XV). T. I*. Santiago de Compostela: Andavira, 2004.

VAQUERO DÍAZ, María Beatriz y Francisco Javier PÉREZ RODRÍGUEZ. *Colección documental del Archivo de la Catedral de Orense. II (1231-1300)*. León: Centro de Estudios e Investigación "San Isidoro", 2010.

VELASCO BAYÓN, Balbino, Mauricio HERRERO JIMÉNEZ, Segismundo PECHARROMÁN CEBRIÁN y Julia MONTALVILLO GARCÍA. *Colección documental de Cuéllar (934-1492). Vol. I*. Cuéllar: Ayuntamiento de Cuéllar, 2010.

VILAPLANA MONTES, María Asunción. *La colección diplomática de Santa Clara de Moguer (1280-1483)*. Sevilla: Secretariado de Publicaciones de la Universidad de Sevilla, 1975.

VILLAR GARCÍA, Luis Miguel. *Documentación medieval de la Catedral de Segovia (1115-1300)*. Salamanca: Ediciones de la Universidad de Salamanca, 1990.

VIVANCOS GÓMEZ, Miguel Carlos. *Documentación del monasterio de Santo Domingo de Silos. Vol. III. Índices 954-1300. Fondo antiguo de Silos. Fondo de Silos en el Archivo Histórico Nacional*. Burgos: J.M. Garrido Garrido, 1998.

11.4. BIBLIOGRAFÍA

ÁBALOS NUEVO, Francisco José. "Los notarios depositarios de la fe pública. La validación de los documentos notariales". En *La validación de los documentos: pasado, presente y futuro. Octavas Jornadas Archivísticas*, 43-52. Huelva: Diputación Provincial de Huelva, 2007.

AGÚNDEZ SAN MIGUEL, Leticia. "Memoria y cultura en la documentación del monasterio de Sahagún: la respuesta a las fórmulas 'inútiles' (904-1230)." *Anuario de Estudios Medievales* 40, no. 2 (2010): 847-888.

ALBARRÁN FERNÁNDEZ, Elena. "La evolución de las cláusulas penales en la praxis notarial asturiana de los siglos XIII y XIV: inercias y cambios". En *Escritura, notariado y espacio urbano en la Corona de Castilla y Portugal (siglos XII-XVII)*, editado por Miguel Calleja-Puerta y María Luisa Domínguez Guerrero, 103-120. Gijón: Trea, 2018.

———. "La implantación de los notarios públicos del rey en Asturias (1260-1350 ca.). T. I". Tesis doctoral. Universidad de Oviedo, 2021. http://hdl.handle.net/10651/64402.

ALONSO MARTÍN, María Luz. "La compraventa en los documentos toledanos de los siglos XII-XV." *Anuario de Historia del Derecho español*, no. 49 (1979): 455-518.

ÁLVAREZ BORGE, Ignacio. *Ascenso social y crisis política en Castilla c. 1300: en torno a Juan Rodríguez de Rojas y su grupo familiar.* Salamanca: Ediciones Universidad de Salamanca, 2019.

ÁLVAREZ CASTRILLÓN, José Antonio y Miguel CALLEJA-PUERTA. "Fe pública y desarrollo urbano en los primeros tiempos de la Pobra de Burón: del sello del concejo a los notarios del rey." *Historia. Instituciones. Documentos*, no. 50 (2023): 17-47.

ANTUÑA CASTRO, Roberto. *Notariado y documentación notarial en el área central del señorío de los obispos de Oviedo (1291-1389).* Oviedo: KRK, 2018.

ARIAS BONET, Juan Antonio. "Sobre la 'Querela' y la 'Exceptio non numeratae pecuniae'. Derecho romano y vicisitudes medievales." *Anuario de Historia del Derecho español*, no. 53 (1983): 107-136.

BALARD, Michel. *Gênes et l'outre mer. I. Les actes de Caffa du notaire Lamberto di Sambuceto (1289-1290).* Paris et La Haye: Mouton, 1973.

BELDA MERCADO, Javier. "La obligación de garantía por evicción del comprador en el Derecho Romano clásico." *Anuario da Facultade de Dereito da Universidade de Coruña*, no. 8 (2004): 119-140.

BONO HUERTA, José. *Historia del Derecho notarial español, T. I. Edad Media. 1. Introducción, preliminar y fuentes.* Madrid: Junta de Decanos de los colegios notariales de España, 1979.

——. "Los formularios notariales españoles de los siglos XVI, XVII y XVIII." *Anales de la Academia Matritense del Notariado* 22, no. 1 (1980): 287-318.

——. *Historia del Derecho notarial español, T. I. Edad Media. 2. Literatura e Instituciones.* Madrid: Junta de Decanos de los colegios notariales de España, 1982.

——. *Los archivos notariales.* Sevilla: Junta de Andalucía, Dirección General del Libro, Bibliotecas y Archivos, D.L., 1985.

——. "La práctica notarial del Reino de Castilla en el siglo XIII. Continuidad e innovación". En *Notariado público y documento privado: de los orígenes al siglo XIV. Actas del VII Congreso Internacional de Diplomática, Vol. I,* 481-506. Valencia: Generalitat Valenciana, Consellería de Cultura, Educaciò i Esport, 1986.

——. *Breve introducción a la Diplomática notarial española. Parte primera.* Sevilla: Consejería de Cultura y Medio Ambiente, 1990.

——. "Conceptos fundamentales de Diplomática notarial." *Historia. Instituciones. Documentos,* núm. 19 (1992): 73-88.

——. "Modos textuales de transmisión del documento notarial medieval," *Estudis històrics i documentos dels arxius de protocols,* no. 13 (1995): 75-104.

Bouza Álvarez, Emilia. "Orígenes de la notaría: notarios en Santiago de 1100 a 1400." *Compostellanum: Revista de la Archidiócesis de Santiago de Compostela* 5, no. 4 (1960): 585-764.

Cabanes Pecourt, María de los Desamparados. "Formularios diplomáticos para la repoblación valenciana." *Anuario de Historia del Derecho español,* no. 49 (1979): 533-546.

Calleja-Puerta, Miguel. "A escribir a la villa. Clerecía urbana, escribanos de concejo y notarios públicos en la Asturias del siglo XIII." *Historia. Instituciones. Documentos,* no. 42 (2015): 59-82.

——. "Institución notarial y transferencias culturales en los reinos de Castilla y León antes de 1250". En *Escritura, notariado y espacio urbano en la Corona de Castilla y Portugal (siglos XII-XVII),* editado por Miguel Calleja-Puerta y María Luisa Domínguez Guerrero, 15-32. Gijón: Trea, 2018.

——. "Antes del notariado alfonsí: los escribanos de Ribadavia en la primera mitad del siglo XIII." *Journal of Medieval Iberian Studies* 14, no. 3 (2022): 424-444.

——. "'Equum et rationabile est': extensión y usos de un preámbulo de memoria en la ciudad de Oviedo (siglos XII-XIII)." *Traditio. Studies in Ancient and Medieval History, Thought, and Religion*, no. 77 (2022): 107-127.

——. "El etiquetado de los documentos notariales para el análisis diplomático: experiencias del proyecto NotFor". En *From Digital to Dinstant Diplomatics. Digital Diplomatics 2022*, editado por D. Luger y G. Vogeler, 235-253. Köln: Böhlau, 2025.

CALLEJA-PUERTA, Miguel y Jorge FELPETO CUEVA. "La formulación de los documentos de compraventa en la Asturias del siglo XIV: un estudio de diplomática comparada." *Anuario de Estudios Medievales* 53, no. 2 (2023): 547-574.

CALLEJA-PUERTA, Miguel y Guillermo FERNÁNDEZ ORTIZ. "El ordenador como herramienta para la investigación diplomática: evolución y perspectivas." *Documenta & Instrumenta*, no. 21 (2023): 13-35.

CÁRCEL ORTÍ, María Milagros. *Vocabulario Internacional de Diplomática, 2ª ed.* Valencia: Colecció Oberta, 1997. Visitado a través de https://www.cei.lmu.de/VID/#VID_TOC_5 (último día 05/11/2024).

CARRASCO LAZARENO, María Teresa. "Del 'scriptor' al 'notarius publicus'. Los escribanos de Madrid en el siglo XIII." *Espacio, Tiempo y Forma. Serie III, Historia Medieval*, no. 16 (2003): 287-344.

FERNÁNDEZ CASAL, Miguel Ángel. "Los conflictos de la sede episcopal de Ourense en la Edad Media (ss. XII-XIII)." *Minius: Revista do Departamento de Historia, Arte e Xeografía*, no. 11 (2003): 97-118.

FERNÁNDEZ ESPINAR, Ramón. "La compraventa en el Derecho medieval español." *Anuario de Historia del Derecho Español*, no. 25 (1955): 293-528.

FERRER I MALLOL, María Teresa. "L'instrument notarial (segles XI-XV)". En *Actes del II Congrés d'Història del Notariat Català*, 29-88. Barcelona: Fundació Noguera, 2000.

FITA COLOMÉ, Fidel de. "Marjadraque* según el Fuero de Toledo." *Boletín de la Real Academia de la Historia*, no. 7 (1885): 360-394.

GARCÍA DE CORTÁZAR Y RUIZ DE AGUIRRE, José Ángel, José Antonio MUNITA LOINAZ y Luis Javier FORTÚN PÉREZ DE CIRIZA (dirs.). *CODIPHIS: Catálogo de colecciones diplomáticas hispano-lusas de época medieval. 2 vols.* Santander: Fundación Marcelino Botín, 1999.

GARCÍA-GRANERO FERNÁNDEZ, Juan. "Formularios notariales de los siglos XIII al XVI." *Anales de la Academia Matritense del Notariado* 22, no. 1 (1980): 227-286.

GARCÍA LARRAGUETA, Santos Agustín. *Cronología (Edad Media)*. Pamplona: Ediciones Universidad de Navarra, 1976.

GARCÍA VALLE, Adela. "Las fórmulas jurídicas medievales. Un acercamiento preliminar desde la documentación notarial de Navarra." *Anuario de Historia del Derecho español*, no. 74 (2004): 613-640.

GONZÁLEZ PALENCIA, Ángel. *Los mozárabes de Toledo en los siglos XII y XIII. Vol. I. Estudio e Índices*. Madrid: Instituto Valencia de Don Juan, 1930.

GUERRERO CONGREGADO, Carmen. "La implantación del notariado público en Córdoba (1242-1299)". En *Escritura, notariado y espacio urbano en la Corona de Castilla y Portugal (siglos XII-XVII)*, editado por Miguel Calleja-Puerta y María Luisa Domínguez Guerrero, 81-102, Gijón: Trea, 2018.

——. "Notariado en Córdoba. Sus orígenes (1242-1300), T. I". Tesis doctoral, Universidad de Sevilla, 2023. https://hdl.handle.net/11441/153380.

——. "El documento notarial en Córdoba en el siglo XIII." *Historia. Instituciones. Documentos*, no. 51 (2024): 251-283.

HERNÁNDEZ, Francisco J. *Las rentas del rey: Sociedad y fisco en el reino castellano del siglo XIII. Vol. I*. Madrid: Centro de Estudios Ramón Areces, 1993.

——. "La piel del leopardo: Galicia y el ordenamiento territorial alfonsí". En *Galicia no tempo de Alfonso X*, editado por José Miguel Andrade Cernadas y Simón R. Doubleday, 155-191. Santiago de Compostela: Xunta de Galicia, 2021.

HURTADO QUERO, Manuel. *Fuentes Medievales Sorianas: Ágreda IV*. Soria: Diputación Provincial de Soria, 2001.

LOPES, Joaquim y Ricardo SEABRA. "Documentação notarial e tabeliães públicos no Porto na centuria de Trezentos." *Cultura, Espaço & Memoria (CEM)*, no. 2 (2013): 209-226.

LÓPEZ GUTIÉRREZ, Antonio José. *La cancillería de Alfonso X el Sabio a través de las fuentes legales y la realidad documental*. Oviedo: Ediciones de la Universidad de Oviedo, 1990.

——. "Génesis y tradición del documento notarial castellano a través de las fuentes legales alfonsíes". En *Escritura, notariado y espacio urbano en la Corona de Castilla y Portugal (siglos XII-XVII)*, editado por Miguel Calleja-Puerta y María Luisa Domínguez Guerrero, 33-62. Gijón: Trea, 2018.

Lucas Álvarez, Manuel. "El notariado en Galicia antes de 1300: una aproximación." *En Notariado público y documento privado: de los orígenes al siglo XIV. Actas del VII Congreso Internacional de Diplomática, Vol. I*, 331-480. Valencia: Generalitat Valenciana, Consellería de Cultura, Educació i Esport, 1986.

Martín López, María Encarnación. "Las cláusulas penales espirituales en la documentación leonesa del siglo XII: por un estudio de la 'sanctio'." *Estudios humanísticos. Geografía, Historia y Arte*, no. 12 (1990): 111-118.

——. "La carta partida como forma de validación." *Estudis Castellonencs*, no. 6 (1994-1995): 839-855.

Mateu y Llopis, Felipe. "Las cláusulas penales pecuniarias de los 'Documentos para la historia de las instituciones de León y Castilla (siglos X-XIII)'." *Anuario de Historia del Derecho español*, no. 23 (1953): 579-593.

Menant, François. "Las transformaciones de la escritura documental entre los siglos XII y XIII." *Edad Media. Revista de Historia*, no. 16 (2015): 33-53.

Munita de Loinaz, José Antonio. *XXV años de Historiografía Hispana (1980-2004). Historia Medieval, Moderna y de América*. Bilbao: Servicio Editorial de la Universidad del País Vasco/Argitalpen Zerbitzua Euskal Herriko Unibertsitatea, 2007.

Obra Sierra, Juan de la. "Los registros notariales castellanos". En *La escritura de la memoria: los registros*, editado por Elena Cantarell Barella y Mireia Comas Vía, 73-110. Barcelona: Promociones y Publicaciones Universitarias, 2011.

Oliveira Silva, Maria João. "Reconstructing formularies. The charters of the episcopal chancery of Porto in the Middle Ages". En *Les formulaires. Compilation et circulation des modèles d'actes dans l'Europe médiévale et moderne*, editado por Olivier Guyotjeannin, Laurent Morelle y Silio P. Scalfati, 283-294. Praga: Karolium, 2018.

Orellana Calderón, Raúl. "La Tercera Partida de Alfonso X el Sabio: estudio y edición crítica de los Títulos XVIII al XX". Tesis doctoral. Universidad Autónoma de Madrid, 2006. http://hdl.handle.net/10486/2561.

——. "En torno a la datación y lugar de redacción de la Tercera Partida de Alfonso X El Sabio". En *Lenguas, reinos y dialectos en la Edad Media ibérica. La construcción de la identidad: homenaje a Juan Ramón Laderes*, coordinado por Javier Elvira González, 367-388. Madrid: Iberoamericana Vervuert, 2008.

OSTOS SALCEDO, Pilar. "Cancillería castellana y lengua vernácula. Su proceso de consolidación." *Espacio, Tiempo y Forma. Serie III, Hª Medieval*, no. 17 (2004): 471-484.

——. "Los escribanos públicos y la validación documental". En *La validación de los documentos: pasado, presente y futuro. Octavas Jornadas Archivísticas*, 27-42. Huelva: Diputación Provincial de Huelva, 2007.

——. "El documento notarial castellano en la Edad Media". En *Sit Liber gratus, quem servulus est operatus. Studi in onore di Alessandro Pratesi per il suo 90º compleanano, T. I*, editado por Paolo Cherubini y Giovanna Nicolaj, 517-534. Città del Vaticano: Scuola Vaticana di Paleografia, Diplomatica e Archivistica, 2012.

——. "Las 'Notas del Relator': un formulario castellano del siglo XV", en *Les formulaires Compilation et circulation des modèles d'actes dans l'Europe médiévale et moderne*, editado por Olivier Guyotjeannin, Laurent Morelle y Silio Scalfati, 188-209. Praga: Karolinum, 2018.

——. "'Derecho es que fagan lealmente'. El formulario de la compraventa de Sevilla en la segunda mitad del siglo XIII." *La formule au Moyen Âge IV*, no. 31 (2021): 65-83.

OSTOS SALCEDO, Pilar y María Luisa PARDO RODRÍGUEZ. *Documentos y notarios de Sevilla en el siglo XIII*. Madrid: Fundación Matritense de Notariado, 1989.

——. "La teoría de la falsedad documental en la Corona de Castilla". En *Falsos y falsificaciones de documentos diplomáticos en la Edad Media*, 161-175. Zaragoza: Real Sociedad Económica Aragonesa de Amigos del País, 1991.

——. *Documentos y notarios de Sevilla en el siglo XIV (1301-1350)*. Sevilla: Secretariado de Publicaciones de la Universidad de Sevilla, 2003.

PARDO RODRÍGUEZ, María Luisa. "Aranceles de escribanos públicos de Sevilla." *Historia. Instituciones. Documentos*, no. 25 (1998): 525-536.

——. "Un formulario notarial castellano del siglo XIII: La III Partida". En *Les formulaires. Compilation et circulation des modèles d'actes dans l'Europe médié-*

vale et moderne, editado por Olivier Guyotjeannin, Laurent Morelle y Silio P. Scalfati, 175-187. Praga: Karolinum, 2018.

Pérez-Prendes Muñoz-Arraco, José Manuel. "'General renunciación non vala'. Sobre doctrina y práctica en tiempo del 'ius commune'." *Glossae: European Journal of Legal History*, no. 5-6 (1993-1994): 75-114.

Piñol Alabart, Daniel. "Formularios notariales en las notarías de la diócesis de Tarragona (siglos XIII-XIV)". En *Les formulaires. Compilation et circulation des modèles d'actes dans l'Europe médiévale et moderne*, editado por Olivier Guyotjeannin, Laurent Morelle y Silio P. Scalfati, 87-104. Praga: Karolinum, 2018.

——. "Formularios notariales en la Corona de Aragón en la Edad Media." *Sapere pedagogico e pratiche educative. Educazione, Formazione e trasmissione dei Saperi. Nel Medioevo ed oltre*, no. 8 (2022): 153-170. (="Formularios notariales en la Corona de Aragón").

Quijano Martínez, César. "La implantación del notariado público en la Corona de Castilla (1250-1350): cronología, jurisdicción y formulario. T. I". Tesis doctoral. Universidad de Sevilla, 2024. https://hdl.handle.net/11441/169904.

——. "La producción escrita de don Silvestre, notario apostólico en la catedral de Zamora (1271-1276)." *Hispania Sacra* 76, no. 153 (2024): 1186-1198.

Reglero de la Fuente, Carlos Manuel y Mauricio Herrero Jiménez. *Escritura, poder y vida campesina en la Castilla del siglo XIV: el registro notarial de Castrillo-Tejeriego (1334-1335)*. Murcia: Editum, Sociedad Española de Estudios Medievales, 2021.

Rodríguez Fueyo, Olaya. "Los inicios del notariado público de nombramiento real en Oviedo (1263-1350): edición y estudio. T. I". Tesis doctoral. Universidad de Oviedo, 2022. https://hdl.handle.net/10651/71292.

——. *Notariado y documentación notarial en Oviedo. Su implantación (1263-1350)*. T. I y II. Gijón: Trea, 2024.

Rodríguez de Gracia, Hilario. *Escribanos públicos y del número en Toledo (1550-1770)*. Toledo: Real Academia de Bellas Artes y Ciencias Históricas de Toledo, 2023.

Rojas Vaca, María Dolores. "Los inicios del notariado público en la Corona de Castilla: aportación a su estudio." *Anuario de Estudios Medievales* 31, no. 1 (2001): 329-400.

Rubio García, Luis. "Del latín al castellano en la cancillería de Alfonso el Sabio." *Glossae. Revista de Historia del Derecho europeo*, nos. 5-6 (1993- 1994): 225-241.

Rubio Semper, Agustín. *Fuentes Medievales Sorianas: Ágreda I.* Soria: Diputación Provincial de Soria, 1991.

——. *Fuentes Medievales Sorianas: Ágreda II.* Soria: Diputación Provincial de Soria, 2001.

Rubio Semper, Agustín y Carmen María García Zapata. *Fuentes Medievales Sorianas: Ágreda III.* Soria: Diputación Provincial de Soria, 2013.

Sanz Fuentes, María Josefa. "Documento notarial y notariado en la Asturias del siglo XIII". En *De documentos y escrituras. Homenaje a María Josefa Sanz Fuentes*, 185-192. Oviedo-Sevilla: Ediciones de la Universidad de Oviedo-Editorial de la Universidad de Sevilla, 2018.

Sanz Fuentes, María Josefa y Miguel Calleja-Puerta. "Edición digital del patrimonio documental de Asturias (I). Diseño de la aplicación y digitalización de los documentos medievales publicados". En *La escritura de la memoria: los registros*, coordinado por Elena Cantarell Barella y Mireia Comas Vía, 379-385. Barcelona: PPU. Promociones y Publicaciones Universitarias, 2011.

Scalfati, Silio P. *Un formulario notarile fiorentino della metà del Dugento.* Firenze: Edifir, 2003.

Sevillano Colom, Francisco. "Un nuevo formulario medieval inédito (siglo XIII)." *Anuario de Historia del Derecho español*, no. 19 (1948-1949): 584-589.

Sousa Saraiva, Anísio Miguel de. "Tabeliães e notários de Lamego na primeira metade do séc. XIV." *Hvmanitas*, no. 50 (1998): 587-624.

Vázquez Bertomeu, Mercedes. *Notarios, notarías y documentos en Santiago y su tierra en el siglo XV.* A Coruña: Publicacións do Seminario de Estudos Galegos, 2001.

VIGIL MONTES, Néstor. "La institución notarial y sus documentos en el Reino de Portugal en la Edad Media." *Historia. Instituciones. Documentos*, no. 44 (2017): 351-379.

VV. AA. *Notariado público y documento privado: de los orígenes al siglo XIV. Actas del VII Congreso Internacional de Diplomática, 2 Vols*. Valencia: Generalitat Valenciana, Consellería de Cultura, Educaciò i Esport, 1986.

VV.AA. *Les formulaires. Compilation et circulation des modèles d'actes dans l'Europe médiévale et moderne*, editado por Olivier Guyotjeannin, Laurent Morelle y Silio P. Scalfati. Praga: Karolinum, 2018.

ZABALZA DUQUE, Manuel. "La invocación verbal 'In Dei nomine' en la documentación hasta el siglo XI. Consideraciones epistemológicas y doctrinales". En *Deus Semper maior. Teología en el horizonte de su verdad: Miscelánea homenaje al profesor Santiago del Cura Elena*, coordinado por Gonzalo Tejerina Arias, Jesús Yusta Sainz y Santiago del Cura Elena, 631-650. Salamanca: Secretariado Trinitario, 2021.

IB-4-2